無門関提唱

山川宗玄

春秋社

まえがき

今年より六十年前、正眼寺では、正眼寺開山無相大師六百年遠諱《おんき》が厳修された。それを契機に、時期《とき》の住持、先々師梶浦逸外老師により、正眼短期大学が創設され、また正眼寺での夏期講座（正眼夏期講座）が発足した。

夏期講座は、逸外老師の嗣、先師谷耕月老師によってさらに発展し、住持の講演はいつしか、提唱という僧堂の講座のかたちに替わった。

その提唱のテキスト（語録）が無門関（四十八則）になって、昨年で三十六則分を数えた。一年に一回の講座ゆえ、一年に一則を提唱する。先師から受け継いで小衲《わたし》が提唱したのは十九則で、今年で二十年目となる。四十八則すべてを終えるまでには、今年を入れてあと十二年かかる。

夏期講座を受講されるのは、道を求める老若男女のさまざまな人たちである。よって、その方々への小衲の講演は、一応は提唱の形式は踏んでいるが、内容は分かりやすさを心掛けてきた。むしろ法話という方が正しいかもしれない。受講の方々に意義深い内容になっていれば幸いである。

さて、この度は求めに応じて、そのうちの一〇則分をまとめて、一冊の本として刊行できることになったが、じつは、無門関の本を刊行するのは、これが二冊目である。

平成十七年、無相大師六百五十年遠諱を目前にして、小衲は無門関の二十則分を提唱録として淡交社より刊行した。これは、アメリカ大菩薩禅堂（嶋野栄道老師が開山された）での、折々の接心での提唱の記録が基《もとい》となっている。青い目の雲水に、通訳を介しての提唱であった。

そして、その著の「はじめに」で、自戒を込めてこう述懐している。

「正に臭口を開いて、家醜を外に揚ぐ」。以って瞑すべし。云々、と。

それからちょうど十年、再び提唱録を上梓することになったわけだが、十年の時を経て、そのぶん家醜の芥《あくた》が少しでも抜けていればと願うばかり。

校正を経て再読すれば、年ごとの内容に、よしあしはともかくずいぶんと変化があることを観て、忸怩たるものがあるが、またそれこそが自分の成長変化の証しかもしれぬと思う。

ともあれ筆を擱くにあたり、また先の述懐を陳ぶるのみ。嗚呼。

最後に、この刊行を時に躊躇する小衲を強く後押ししてくれた、春秋社の会長神田明氏、社長澤畑吉和氏、編集部佐藤清靖氏、ほかの方々に深謝申し上げる。

平成二十七年一月七日 人日《ななくさ》

関山嶺下　沙門　山川宗玄　謹言

無門関提唱

目　次

まえがき　i

いかなるか是れ仏──雲門屎橛（第二十一則）……3
はじめに／「乾屎橛」／己事究明の道／拘束を脱ぎ捨てる／「私は仏だ」／「貧」ということ／「閃電光、撃石火」／最期の講義／「透明の時」とは

善を思わず、悪を思わず──不思善悪（第二十三則）……33
六祖、慧能禅師／「米搗きでもしておれ」／「本来無一物」──神秀と慧能／「もう米は搗けたか」／「衣鉢」──六祖と明上座／修行の世界──入門半年の思い出／「信」とは何か

言語を離れよ──離却語言（第二十四則）……61
出会い──無門禅師と法燈国師／風穴和尚と南院禅師／「語黙、離微に渉たる」／「長えに憶う江南三月の裏」／「語言三昧を離却して一句を将ち来たれ」／円朝と山岡鉄舟／離微に渉たる世界をこえて／狐のお兄さんの物語／悟りの世界へ

四句を離れ、百非を絶す──三座説法（第二十五則）……91

仰山和尚の夢／仰山和尚の出家／「摩訶衍の法」とは／借金取りの話／傷ついた烏との交流／言葉をこえた言葉／「白日青天、夢中に夢を説く」／「いい加減」の世界――仏法の体得

久しく龍潭と響く――久響龍潭（第二十八則）……117

龍潭和尚と徳山和尚の問答／「心不可得」／逸外老師の見性体験／徳山の三十棒／「功徳海中一滴を譲るべからず」／「死却」――死にきる／サイの話

風の動くにあらず、幡の動くにあらず――非風非幡（第二十九則）……143

六祖、山を下る／「仁者の心動く」／「天命は人事を尽くすことを待つ」／凡事徹底――周利槃特の話

心が即ち仏である――即心即仏（第三十則）……159

「心が即ち仏である」／「即は即、如は如」／「即心即仏」か「非心非仏」か／「贓を抱いて屈と叫ぶ」／瓦を磨く――南嶽禅師と馬祖禅師／仏さまにすべてを差し出す／「一指頭の禅」／カエルの物語

婆子を勘破する――趙州勘婆（第三十一則） 195
「婆子」との問答／趙州和尚／「婆子を勘破する」／「二り倶に過有り」／
「飯裏に砂有り」／「驀直去」／おじいさん・おばあさんとは何か／「一生修行」

有言を問わず、無言を問わず――外道問仏（第三十二則） 225
「世尊拠座す」／「剣刃上に行き、氷稜上に走る」／「奇なるかな、奇なるかな」／
新大阪駅での出来事／スイスの接心で

心は仏ではない――非心非仏（第三十三則） 249
東日本大震災の寺で／弟子を育てる／「心が仏である」／「心は仏ではない」／
「人に逢うては且らく三分を説け」／奇跡の復活とは／百歳の誕生日／
仏のいのちを生きよ

無門関提唱

いかなるか是れ仏——雲門屎橛（第二十一則）

雲門、因《ちな》みに僧問う、「如何《いか》なるか是《こ》れ仏」。門云《いわ》く、「乾屎橛《かんしけつ》」。

無門曰《いわ》く、「雲門謂《いい》つべし、家貧《ひん》にして素食《そじき》を弁《べん》じ難《がた》し。事忙《じせわ》しうして草書《そうしょ》するに及ばず。動《やや》もすれば便《すなわ》ち屎橛《しけつ》を将《も》ち来《きた》って、門を撐《ささ》え戸を拄《ささそ》う。仏法の興衰《こうすい》見つべし」。

頌《じゅ》に曰《いわ》く

閃電光《せんでんこう》、撃石火《げきせっか》。
眼《まなこ》を眨得《さっとく》すれば、已《すで》に蹉過《さか》す。

はじめに

昨日から今朝にかけて、坐禅、また作務もあって、僧堂の修行の一端を体験していただきました。ここからは、提唱《ていしょう》（講座）ということで、私の役目を果たさせていただきます。

本来、講義というものは、皆さんと相対して話をするものでありますが、提唱というのは、このような特別な形で行ないます。

私は講座台に上がり、本尊さまと対面するかたちをとります。雲水つまり、修行者は仏さまと私の間で、その左右に並び足を組んで坐しております。雲水は、己事究明《こじきゅうめい》と申しますが、自己を明らめるためにこの道場に入門してまいりました。私はその先達としてここにいるわけです。

坐禅や作務、あるいは托鉢などの指導はもちろん大事なことでありますが、その中で、宗旨や教理などはどこかで学んでもらわなければならないものです。しかし道場では「書籍、筆硯《ひっけん》を弄《ろう》さず」といって、本を読んだり文字を書いたりすることは、建て前の上では厳禁されておりますので、このような提唱の形でしか修行僧は知識を吸収する機会はありません。

提唱には語録というものを使いますが、そこには我々の大先輩、それも日本だけではない中国の大先輩の方々が修行してこられた、その修行のエピソード、簡単にいえばお悟りになられたエピソードというものが、たくさん表現されています。私のような立場のものを師家《しけ》といいますが、師家はその語録をテキストとして雲水に提唱していますが、一字一句を丁寧に説き明かすわけではありません。

自分の修行、私自身の今日までの修行というものをこの語録に則して、具体的にと言いましょうか、丸出しにしていくのが提唱であって、雲水に話すというよりも、天地自然、さらに正眼寺の本尊さまに対して心境を表現するというのが、提唱の意味でしょうか。

ですから、分かりやすくするつもりではありますが、自ずと内容が分別しにくいものになるかもしれません。そのあたりご容赦いただきたいと思います。

先師、谷耕月老師から引き継いで使用するテキストは、無門関という禅の語録です。これは、無門慧開《むもんえかい》禅師という方が中国の宋の時代に活躍されましたが、この方がさまざまな「古則《こそく》」――昔のエピソードで禅修行の道しるべとなるもの――をまとめたのが、この無門関です。無門禅師がまとめられたので、無門関といいます。「無門の関門」というほどの意味です。

その構成は、まず本文が最初に書いてあります。これを専門用語で「本則《ほんそく》」といいます。これが禅のエピソードです。次に「無門曰く」以下のところを、「評《ひょう》」といいます。「評唱《ひょうしょう》」ともいいます。無門禅師による、本則へのコメントです。そして「頌《じゅ》に曰《いわ》く」以下が「頌《じゅ》」で、詩文つまり詩でもって最後に締めるわけです。以上の三つの部分によって成り立っています。

本則のエピソードを評唱で形を変えて補足し、さらに頌によって見事にまとめたというところです。そのように了解していただいて、まず内容を見てみましょう。

「乾屎橛」

本日は、無門関の二十一則「雲門屎橛《うんもんしけつ》」です。タイトルにある「雲門」というのは、雲門禅師のことです。禅宗にとっては雲門禅師という方は大変に重要な方です。

そして「屎橛」というのは我々にはちょっと分かりにくいのですが、現代風に言えばトイレットペーパーというようなこと、まあ、あまりきれいな言葉ではありませんが、「糞かきべら」という意味だと言われております。これが題名です。

本文は実に短い文章です。「雲門、因《ちな》みに僧問う、如何なるか是れ仏。門云く、乾屎橛《かんしけつ》」。雲門禅師にある人が問うた。仏というものはいったい何でございましょうか。それに対して、雲門禅師はなんと答えられたかというと、「乾屎橛」と。乾いた糞かきべらだと。

糞かきべらといっても今の人にはぴんときませんが、昔といっても私が中学生のころですが、社会科の先生で、授業の合間にいろいろな脱線話をしてくれる先生がいました。その先生の友人が、文学博士の学位を取られた。「いったいどういう研究で取ったかわかるかね」と、われわれ生徒に聞かれた。もちろんわかるはずがありません。「トイレの研究で博士号を取ったのだよ」。日本中のトイレを調べたそうです。日本だけではない、東南アジアやインドなど自分の足の及ぶ限り出かけて行って、トイレの研究をした。どのような様式があるか、どのように用をたすかということを調べあげた。

その中の例の一つでしたが、日本でも今から六、七十年も昔になりますが、ある地方では用をたしたいときどうするかというと、普通の山の中にそういう場所があって、そこにはトイレットペーパーが置いてあるわけではありません。木と木との間に縄が一本垂れている。その先生は縄でいったい何をするんだろうと思ったそうです。それでよくよく観察してみて、その地の人たちに後で聞きましたら、用をたしたら、その縄で尻を拭くということでした。

この乾屎橛というのは、実はそのようなもののことなのです。形はいろいろあるそうですが、ものの本で調べてみますと、「乾いた糞かき用の竹べら」となります。中国ではこのごろは衛生が良くなっていますから、そんなことはないでしょうが、昔、用をたす場所、我々は「東司《とうす》」と呼ぶのですが、トイレというものが特になかったそうです。だから路地でみんな用をたす。その糞をある程度乾燥させてから、それを掻き取って片付けたと。そういう役柄の人がいたのだそうです。その道具を「屎橛」というのです。

雲門禅師がなぜこういう言葉を出したかというのは憶測の域を出ませんが、その時、禅師はトイレの掃除をしていたのではないかということです。禅宗の根本は掃除だといわれています。禅宗の世界は掃除さえできれば、もう一人前だということ。

特にどこを掃除しなければならないかといいますと、東司です。東司は常に清潔にしておかねばならない。こういう行事の時にも、特別な係のものが「看門《かんもん》」といいまして、東司を厳重に点検する。看門というのは門内を看るという意味で、境内の隅から隅までを見回るから看門というのです。この係のものが時々トイレの掃除に回るのです。不浄の場所だからこそ余計にきれいにしなければならない。

雲門禅師も多分トイレの掃除をしておられた。そういうときに、ある修行僧が雲門禅師にやむにやまれぬ気持ちで質問したのだというふうに考えていただくと、情景が理解できるかと思います。トイレの掃除をしているのが、その寺の住職、老師です。そのときに、雲水というのはもう四六時中、朝から晩まで修行のことで頭がいっぱいになっている。その者が「如何なるか是れ仏」と問う。

「如何なるか是れ仏」というのは、我々の世界の常套文句です。「如何なるか是れ清浄《しょうじょう》の発心《ほっしん》」という言葉もあります。「自己本来の面目」という言葉もあります。みな同じことを問うている。一番大事なことは何かということです。「本当の自分とはいったい何者か」という質問でもあります。

これを問うたところ、雲門禅師は何と答えられたかというと、「乾屎橛」と。これだけの文章です。仏さまというと、目の前にある本尊さま、福徳円満な姿をして金色に輝いている、こういう仏さまを我々は想像するわけです。だからそういう答えを期待していたその僧に対して、この「乾屎橛」は、まことに顔を洗って出直してこいとばかりに冷水を浴びせかけたようなもの。今まで考えていた常識というもの、そういうものを根底から覆すような雲門禅師の一喝。

だからこそ、後の修行する者たちがこの短い文章によって、大変悩む。しかし、悩むからこそいいのです。いまここにいる修行僧、雲水たちになんの心の苦しみも悩みもなかったとすれば、どうでしょう。漫然と日にちを過ごしていることになる。これは全くの無為徒食というもので、ここにいる時間をむだにする。やはりここで一日一日を苦しみの中で苦しみ抜いて、辛さを超えて辛いとも感じないほどにまで自分を追い詰めていく。

雲門禅師もやはりわが弟子を、この「乾屎橛」という言葉でもって、苦しみのどん底、これを大疑団というのですが、大きな大きな疑問、大きな大きな苦しみ、深い深い悲しみ、そういうものの中に追い込むわけです。これが禅宗の教育方法です。

己事究明の道

雲門禅師は西暦の九四九年が没年で、九世紀から十世紀にかけて活躍された禅僧です。正眼寺の開山さまは関山慧玄国師《かんざんえげんこくし》、そのお師匠さんが大燈国師《だいとう》宗峰妙超《しゅうほうみょうちょう》禅師ですが、大燈国師はじつは雲門禅師の再来だといわれているのです。この間約四百年ですが、なぜ再来かといいますと、大燈国師は片足がご不自由だったのです。だから一般的な坐禅ができなかった。しかし、この大燈国師は何百年に一人現れるかどうかの大変な宗教的天才です。

皆さん、大半の方が坐禅ではきちんと足を組まれたでしょう。坐禅中は単布団の上で足を組み背筋を伸ばして坐らなければならない。大燈国師はそういうことは一生の間、ただの一度もできなかった。いや、じつはただ一度の例外があります。

大燈国師がお亡くなりになるその時に、こう言われたそうです。「今までは、おまえの言うことを聞いてきた。今日からは、おれの言うことを聞け」と、自分の曲がらない足に向かって言われ、そして今こそおれの言うことを聞けとばかり、その自分の足をぼきっと折ってしまわれた。足を折ってきちっと坐禅の形に足を組まれて亡くなられたといいます。

雲門禅師もじつは足を折られている。十七歳で出家、それまでいろいろな学問をされていたのですが、やはり心の安心が得られない。そこで禅の師匠を求めて諸国行脚を始めた。その時に、睦州《ぼくしゅう》禅師陳尊宿《ちんそんしゅく》、これは臨済禅師を悟りに導かれた、臨済禅師にとってじつに大恩ある方なのですが、そこへ修行にいかれた。

睦州禅師のところにいって「己事いまだ明らめず」、自分のことが全くわからない。どうかお示しください、と尋ねたのです。すると、禅師は一見して、バーンと門を閉めてしまった。追い出してしまう。

また次の日、雲門がドンドンと門を叩く。同じように「どうぞ一言お示しください」というと、またバーンと閉めてしまいます。三日目になって雲門は、もうこれではいけない、こんどこそ門を閉められないようにと、片足を門の中にぐっと入れることにした。

睦州禅師は「なんだ、またおまえか」と、三度目はすぐ門を閉めずに、「それだけの覚悟で来たのだろう」と胸倉をぐっと摑んで、「それなら自ら言え、言え言え」と逆に責められた。途端に、もう何も言えません。言葉に詰まってしまった。

「自分はいったい何者なんでしょうか」、「一言お示しください」と問うたのだが、しかし、その質問を逆に返されたら答えられない。そこでぐっと黙ってしまった。すると睦州は「このうどの大木、無用の長物が。そんな立派な体をして」と、どーんと突き放して門を閉めてしまった。しかし足が残ったままだったから、たまりません。ついに足をへし折られてしまった。そのへし折られた瞬間に、「あっ」と悟られたということです。

それ以来、雲門禅師は足がご不自由です。だが、さらに修行を積まれた雲門禅師のもとには常に雲水が一千人を数え、中国全土から修行者が集まったそうです。

その雲門山という寺での話だと考えていただいて結構ですが、雲門禅師のおられた広東省は日本に比べれば少し暖かい。花も咲き緑も濃く、中国では珍しく色彩が豊かにきれいなところです。一度まいりましたが、現在の寺もなかなかカラフルなお寺です。

先ほども申しましたが、正眼寺の開山さまは関山慧玄国師です。大燈国師のお弟子さんですが、関山国師もじつは雲門の再来だと言われております。別に足は悪くなかったのですが、どうして雲門の再来なのか。お師匠さんから、「汝は雲門の再来なり」と言われた。これは我々禅門では、やかましい「雲門の関字」という公案によって慧玄禅師は大悟徹底された。そのことによって、雲門の再来と言われたということになっています。

ちなみに、これはどういう公案かといいますと、ある禅僧が九十日あるいは百日間、雲水のためにいろいろと説法した。昔からよく言われておりますが、法にかなわない、あるいは法がきちっとわかっていないのに、それらしくものを説くものは眉毛が落ちると、そう経典にあります。我々もいい加減なことを言って人に説法しておれば、いつか眉毛が落ちてしまう。

では眉毛の濃い人は立派なのかというと、そういうわけでもない。もともとあったものが抜け落ちるということですから、最初からついていなかったものも、どうともいえない。肝腎なことは眉毛が抜け落ちるということ。弟子を前にして「さあ、わしの眉毛はあるかな」、こう質問したのです。弟子たちはその質問がどういう意味なのか計りかねて、大半は黙っていたのですが、たまたま寄宿していた、この禅僧の兄弟弟子三人が返答した。

どういう返答をしたか。一人は、「いやあ、なかなか立派に生えそろってございます。ずいぶん眉毛が長くなりましたな」と答えた。もう一人は、「盗人の心はよくわかりません」。我々をだますような盗人の心はよくわからんと答えた。もう一人が雲門禅師です。何と言ったかというと、「関」。ただこの一言です。

玄関の関ですね。皆さん、玄関から入られます。どこの家でも玄関は入口です、お客さんの入るところ。しかし、本当は玄関は人を入れないところです。関所といいます。関門といいます。ここからは入れぬぞという。だけどお客さまだから入れるのですよと、こういうことです。

それで、この雲門の関というのが大変な問題です。たくさんの修行者を悩ますのです。大燈国師はこの雲門の関によって大悟される。そして関山慧玄国師も大燈国師の下で修行され、この関によって悟りを開かれた。そういうことで、大燈国師から「お前は雲門の再来だ」と言われたということです。それほど雲門禅師は後世の修行僧にとって大変な影響を残している方なのです。

拘束を脱ぎ捨てる

そこで、「僧問う、如何なるか是れ仏」。この仏というのは先ほど修行僧が自分の師に質問する常套句だと申しましたが、昨晩、ある方と食事を一緒にさせてもらったんですが、その時に「仏さまとはいったいどういうことでしょうか」と問われました。そこで「乾屎橛」というわけにもいかないので、また眉毛の抜けるのも恐れず、つい冗長に説いてしまいました。仏というのはこのようなこと、と考えてくださいと。

「生れ子の次第次第に知恵つきて　仏と遠くなるぞ悲しき」という歌があります。赤ん坊が成長してきて、だんだんに知恵がつくにしたがって、仏から遠くなっていくというのです。赤ん坊は生まれながらには着物を着ていません。しかし、我々は着物を着ています。いまは夏ですから薄着をしておりますが、その着物も、目に見えない着物をたくさん着ております。年齢という着物もありましょうし、男であるという着物もありましょうし、女であるという着物もあります。さらに学校の先生であるという着物、農業をしているという着物、企業を経営しているという着物、いろいろな着物があります。我々はさまざまな着物を、それも目に見えない着物をたくさん着ております。

そうすると、世の中を堂々と歩んでいるように見えるかもしれませんが、じつは大変に拘束されているわけです。女の人が男の姿をするわけにはいかん。男の人が女の格好をするわけにもいかない。この頃はそういう人もいるかもしれませんが、一般にはそういうことはまずい。それは一つの拘束です。その拘束をほどく、脱ぎ捨てる、そうすることがよろしい。皆さんの拘束、束縛、そういうものを一枚一枚脱ぎ捨てていく。一つ一つ取り去っていく。そうすることによって、もとの赤ん坊、いや生まれる前の仏、仏そのものに還えるわけです。

さて、「乾屎橛」で、雲門禅師はなにを言いたかったのか。世間のわれわれは、良いもの悪いもの、好きなもの嫌いなもの、それによって物事を判断している。だれでもそうですね。こういう是非というのは共通している。常に、良いもの、好きなもの、そちらの方に自分の心が傾いております。しかし傾くことによって、我々は行く方向が束縛される。行動し思考する範囲が狭まっている。もともと、赤ん坊は三百六十度の方向で動いたり、たぶん思考することができる。しかしわれわれは、そういうことがだんだんとできなくなっているのです。

「糞かきべら」などと言うと、汚いと抵抗を感じる。だから、そういうものが仏である、こういう話は誰でも「そんなわけはない」と強く反論すると思います。それがわれわれの「心」の常識という束縛です。

正眼寺の開山、関山慧玄国師は九年間この伊深の里においでになって、後に西暦一三四二年、妙心寺に出世されます。法皇より花園離宮をたまわり妙心寺が開山されたのですが、そこで雲水を育てるということだけに専念されたのです。その生活ぶりはどうだったかというと、書かれたものはありませんので、伝説的なエピソードで開山さまをうかがうことしかできませんが、しかし、なんとも純粋な方であったということは明らかです。どれほどその純粋さが世間からかけ離れたものであったかという話を一ついたします。

ある雨の日、開山さまは本堂で雲水たちに、このような提唱をされていた。すると雨もりがしてきた。その雨もりも尋常でない。ぽたぽたと天井から漏ってくる。少々の雨もりならば開山さまもなにもおっしゃらなかったと思いますが、あまりの激しさに、弟子に一言「何ぞ受けるものをもってきなさい」と言われた。

弟子が何人かさっと走って行きました。しかし、その日の食べ物にも苦労するほど、質素な生活。盥《たらい》か洗面器をもってくれれば良いのですが、そんなものはありません。走り廻ったあげくに、一人の雲水が笊《ざる》を持ってきた。少し遅れてもう一人の雲水が桶《おけ》を持ってきた。そこでそれぞれが、雨もりをしているところに、すっとさし入れようとした。すると開山さまは笊を持ってきた雲水に「よし」と言われた。しかし桶を持ってきた雲水に対しては、大変に怒られたそうです。「おまえは、だめだ」と。笊で雨もりが受けられますか。受けられませんね。けれども、笊でさっと受けた雲水を褒めた。「それだ、それでなくてはいかん」と。

いま雨もりがしている。雨もりを受けるもの、それは何か。洗面器やバケツ、気のつく人はその中に雑巾《ぞうきん》の一枚か二枚を入れて、音がしないようにするでしょう。それが雨もりを受けるものという要求に対する、常識的な応えです。しかし、開山さまは怒られた。それなのに、笊をもってきた雲水に対しては、よしと認められたわけです。これも、また難しい問題ですが、この雲水の純粋さ素直さが尊い、というか、微笑ましい。

素直な働き、禅機と言いますが、我々はどうもこの禅機というものがない。どういうことかというと、理屈の世界だからです。これはこうなっているからこうだ、一たす一は二である、二たす三は五である。ですから、こういう問題が起きたときにはこういう答えを出さなければならん、われわれはそのくり返しで毎日を生きている。そういう生活で、我々の心には余裕があるかというと、じつはその反対で、自分の生きている世界を狭ばめて、自らをますます苦しめているようなのです。

そういうことも含めて、雲門禅師は人生の常識というものを根底からひっくり返してしまう。我々の常識的で堅実な知恵というものが、いかに不自由であるかということを、この「乾屎橛」という一言で示されたといってもよいでしょう。

「私は仏だ」

もちろん、ばかな話だ、仏さまがそんなことを言うわけがない。外国人で「雲門屎橛」の話を翻訳した人がいまして、その人がこんなことを言っている。「わが家はわが城である。けれど、城はわが家ではない」と。わが家というものは、自分にとってはお城である。だが江戸城とか姫路城というのは、一人一人の家ではない。だから、仏はじつは乾屎橛と言ってもよい。しかし乾屎橛は仏ではない、信用しなさんなよ、こういうふうに言っています。

皆さんを仏の世界から見たら、一人一人が仏なのです。しかし、そのことがわからないものにとって、「私は仏です」とは言えないというのです。

よく引き合いに出す話があります。ある高僧が自分の弟子の修行ぶりをみて、すばらしい、それこそ大器だ。後に禅の世界、仏法の世界を背負うだろう、そういう器に見えた。微動だにせずに坐禅をしている。しかし、まだまだこれではだめだ。本物にはほど遠い。そこで老婆心というか、その親切が出た。坐禅をしている雲水の前へ行って、「おまえ、何をしているのか」、「坐禅をしております」。「坐禅をして何になるのか」、「仏になりたい、仏の心が知りたい、私自身を究め尽くしたいのです」と答えた。

すると師匠はなんの返事もせずに、庭に下りた。そして瓦を拾って、ごしごしと擦りだした。弟子は不思議に思って、「お師匠さん、なにをしておいでになるのですか」。「瓦を磨いているのだ」、「瓦を磨いて、何にされますか」。師匠が「瓦を磨いて鏡にしようと思う」、弟子は「瓦を磨いても鏡にはなりません」。すると師匠は、「うん、そうか、瓦を磨いても鏡にはならんか。ならば、おまえが坐禅しても仏にはならんぞ」。弟子はそこではっと気づいて、「いったいどうしたらいいでしょうか」。師匠は仏というのは形ではないと懇々と諭された。ついにこの弟子はまた一段と修行に熱を入れて、後に大悟したという。

この逸話をお聞きになって、何と思いますか。私は皆さん一人一人が仏だと言いました。しかし、仏だということを「ああ、そうかな」と思うだけでは、瓦をごしごし擦って鏡にするようなもの。私たちは本来仏なのだ。ならば、仏になるためには、どうしたらいいか。

仏だと思って、いや、仏そのもので坐禅し、仏そのもので生きる。その自覚がなければならんのです。いつまでも瓦をごしごし磨くように、勉強して、物事の道理を明らめて、そして立派な人間になろうと努力する。それはそれで間違っていないようだが、それではだめだ。根本的に我々はすばらしい、仏なのだ、という自覚がなければならないということです。

だが、他の人と比べてまことに能力がない。財産もなく、地位も違う。このように、直ぐに他と比較してものを考えるのが、われわれの習性だが、そこが違う。トイレットペーパーであり、バケツであり、庭の木であり、柱石であり、糞かきべらである。それぞれの役割がある。それぞれの役目を精いっぱいし遂げてやり抜く。それが仏である。瓦はいくら磨いても鏡にはならない。しかし瓦は屋根においてこそ瓦の役目を果たす。それが仏である。瓦である自分が仏だ。その自覚というか、自信を失っている。だから雲門禅師は、乾屎橛といっておられるのです。

古佛心

19　いかなるか是れ仏——雲門屎橛（第二十一則）

「貧」ということ

さて、これに対して無門禅師は次に、評といいますが、コメントをされておられます。「雲門謂《いい》つべし、家貧《ひん》にして素食《そじき》を弁《べん》じ難し」。雲門禅師が「乾屎橛」といわれたが、それはどういうことか。

開山さまが「雨もりを受けるものをもってこい」と言われたときに、僧堂には笊と小さな桶しかなかった。これはまことに貧です。修行僧は全く貧です。しかし貧ほどすばらしいものはない。タオル一枚あれば、我々はいろいろな使い方をする。暑い時には頭にかぶり、帽子の代わりをし、汗が出て困るときには、それで汗を拭う。風呂へ入ればそれで体を洗う。食事の時には、それを布巾の代わりにすることもできる。一つのものでいろいろな応用がきく。禅堂の生活というものは、このように成り立っている。貧乏そのもの。これを徹底しているから、貧という。

雲門禅師はあまりに貧乏で、この僧侶に対して粗末な食事ひとつも出せない。お粥の一つも差し上げられない。饅頭の一つでも出してくれるのかと思ったら、なんと乾屎橛。なんぼなんでも食べられない。

その応え方がいかにも厳しい。問われたことに対して、雲門禅師はあれこれと説かず、ただ一言「乾屎橛」。これでは「事忙《じせわ》しうして草書《そうしょ》するに及ばず」。草書というのは字を書くということですが、下書きという意味にも使われる。あまりに忙しいので、手紙を書くとき下書きをして後で清書するのが礼儀というものだが、下書きのままさっと出してしまう。これは失礼なことですが、まことにそのようなものではないか。

そう言って皮肉っている。しかし、これは大変な褒め言葉です。まことに名文句だ。相手のこの僧侶は貧である。そこにさらに「乾屎橛」でもって、もう一つすぱっと貧の極にしてしまった。その雲水を救うどころか、我が家を「便《すなわ》ち屎橛《しけつ》を将《も》ち来《きた》って、門を撑《ささ》え戸を拄《さそ》う」。あまりに貧乏なので、開山さまではありませんが、雨もりがさらにひどくなれば家が傾いてくる。そこで家を支えるにはどうしたらいいか。それは突っ張りをしなくてはならない。どういうもので傾きを支えるかといえば、まさにこの乾いた「屎橛」です。とは申せ、こんなものではこの家が倒れるのも、時間の問題か。

「仏法の興衰《こうすい》見つべし」。雲門禅師の法というのも、どうもこれでお終いだな。いまにも倒れそうな家を汚らしい糞かきべらで支えようとしている。まあ、倒れるのは目に見えている。雲門禅師の仏法が衰えていくのは目に見えていると、無門禅師はこのように辛辣な言い方をしているのです。

「閃電光、撃石火」

「頌《じゅ》に曰《いわ》く」以下は、評の内容を深め、さらに詩でもって表すわけです。「閃電光《せんでんこう》、撃石火《げきせっか》。眼《まなこ》を貶得《さっとく》すれば、已《すで》に蹉過《さか》す」。電光がぴかりと光る、その素早さ。「如何なるか是れ仏」と問えば、「乾屎橛」と。これは間髪を入れず「乾屎橛」であって、あれこれ考えてからの「乾屎橛」ではない。これは大事なことです。

昨日、講演していただきました、ガイア・シンフォニーの龍村仁監督と話をしておりましたら、何千年前の航海術を使って、ハワイから星を頼りに航海している人のことが話題に出ました。この人は二十歳までは普通の船乗りをしていましたが、お師匠さんに出会って、古代人のような航海法を身に付けたそうです。それで、航海中は肉眼でもって海を観察する。波を見て、夜になると星を見、昼は太陽を見る。どのくらい寝ているかというと、じつは二時間しか休まない。一ヶ月の航海中、一日二時間の睡眠。「どうして二時間ですか」と尋ねると、「もし二時間以上寝たら、記憶が途切れてしまう。航海中はあらゆるデータを集めねばならないから」と。もちろん一切を記録しようがないから、この言葉にならない情報を全部頭の中に入れるわけです。二時間以上休むと、昨日の情報が途切れる。そうすると、その後の航海ができない。だから睡眠は二時間だというのです。

「閃電光、撃石火」。電光石火、間髪を入れずというのは、この古代の航海術の情報収集における、頭脳とまさに精神の問題です。体得したものというのは言葉にならない。ならないが、必要な時にはすっと出てくる。これが仏の世界です。「閃電光、撃石火」、石をばちっと撃つと、火花がぱっと散ります。もしその時、眼を眨得すれば、眼を瞑ってしまえば、もう火花を見ることはできない。いま全身全霊でもって航海に集中し働いている。それは例えて言えば、「閃電光、撃石火」の世界。もしその時に、目を細めた途端に、火花を見逃してしまう。大事な、かけがえのないものを見逃してしまう。

アメリカのロスアンゼルスに正眼寺の禅堂がありまして、この夏期講座が始まる前に、そこをまかせている者から電話がありました。禅堂によく坐りに来る方、親子で来られる。三十歳を少し出た息子が空手の先生をしている。その父親も空手の先生で、青少年をボランティアでたくさん育てている。何度も会った人ですが、その息子さんが今朝死にました、と。「えっ、どうして」、「突然死です」。昨日まで子どもたちに稽古をつけて元気にしていた。父親とも母親ともよく話をしていた。朝、仕事があるのに起きてこないので、母親は疲れたのかと思って放っておいた。しばらく経って、どうもおかしいなと見にいったら、ベッドの上で亡くなっていた。

「閃電光、撃石火」、このように、いつ死というものが訪れるかわからない。いつまでも明日があると思うのは間違いだ。そうではあるけれども、明日のいのちがあると誰でも思いたいし、思っている。思うからこそ今日もぼんやりと、夕暮れの鐘を聞いている。この息子さんがそうだというのではないが、誰でもこの「閃電光、撃石火」、眼をぱちくりやっている間に、人生は終わってしまいますよ、ということ。

ところで、仏というのはわれわれのまつ毛のようなもので、あまり近過ぎて見る人はいない。だれでもまつ毛はあります。このまつ毛、目の前にあるのですが、あまり近くて見る人もない。鏡を使えば見えますが、鏡に映るのは本当のまつ毛ではない。まつ毛があまり近くにあるから見えないように、仏というのも、あまりに近くにありすぎて見ることができない。われわれは本来この身こそ仏なのに、それをいつでも外に向かって求めていく。そして眼を眨得して、眼をぱちぱちさせて、あれが仏だ、これが仏だなどと得々としている。そういう人生を歩めば、あっという間に生命《いのち》は終わってしまうぞ、ということです。

最期の講義

人の死の話になりましたが、我々の人生はうたかたのごとしといいます。そのことをどのように受けとめるか。この間まで正眼短大で学生たちに講義をしていただいた、ある先生が亡くなられました。漢方のお医者さんです。この方が医者の不養生という言葉もございますが、癌になり、それが発見されたのが去年の十月でした。

もともとその先生と私のご縁というのは、滝行でした。二十年ほど前に初めて信州に滝に打たれにいった時の仲間のお一人ですが、この先生なら学生たちにとって有意義な授業をしていただけるだろうということで、お願いして二年、三年と講義をしていただいたのです。去年の九月の滝行の時でした。滝に打たれますと体が冷えますので、必ずその後で風呂に入ります。五分か十分風呂に入りますと、体が暖まってくるものなのですが、先生はそのときに限って一番先に風呂に入って、一番最後に出られる。我々何人もが順番に入っていくのですが、先生は一番最後に出てこられて、それでもなにか寒そうな雰囲気です。どうもおかしい、我々も薄々は病気ではなかろうかなと思っていたのですが、年を越えて、今年の夏前に亡くなられたのです。

縁ある人たちにとって先生の死は大変な心の痛手なのですが、一方、私は先生から「最期の講義」を受けたかのようでした。つまり、私は亡くなられたという連絡を受けて、すぐに車を飛ばして先生のところにまいりました。直ちに枕経を上げさせてもらい、その後先生のお姿を拝見しながら家族の方々と話をいたしました。

どういう話になったかというと、「どうも先生のお姿を拝見すると、何にもありません。すべて出し尽くして、何にもないお姿ですね」。さっぱりとして未練が少しもない姿です。すると家族の方はわっと泣き出されて、「よくおっしゃっていただきました」と、亡くなるまでの経緯をいろいろ話してくれました。

先生は、死の三日ぐらい前から意識不明の状態になられた。そのまま意識が途絶えてしまうのかなと家族の皆さんは思ったそうですが、その日亡くなる五、六時間前に突然、目を開いたそうです。目を開けてはっきりした声で歌をうたった。「昴」という曲です。先生はいつも言っておられたそうです。「おれが死ぬ時はな、『昴』を聞きながら死にたいな」。それでみずから「昴」を歌った。もちろんすべてを歌われたわけではないのですが。

それから今度は話をぼつぼつと始められた。しばらく経つと、からからと笑って、また違う話に移る。それをじっと聞いておりますと、学生たちに講義をしている、あるいはどこかで講演をして皆さんに話をしているような雰囲気です。そして時々、歌も出る。「昴」や他の歌もある。それが一時間続き、二時間続き、三時間続き、やがて五時間ぐらい続いた。時々家族の者が心配になりまして、「お父さん、お父さん」と肩を揺すったりするのですが、そうすると目が覚める。それでちょっと振り返るような表情をされて、奥さんや子どもさんに「ありがとう」と言われる。それでまた一人ではしゃぐように歌い語る。また一時間ぐらい経って「お父さん、お父さん」と声をかけると、「ありがとう。世話になったね」と言われる。

ようよう話も終わり、歌も終わって、先生の最期の宴がすんだ。ご家族は本当に最後の最後までいのちを使い切った人というのを見たと言っておられました。特に子どもたちに、おまえはどうだとかこうだとかは言われなかったそうですが、最後に、その姿で奥さんや子どもたちを納得させたというか、大変な「財産」を残して亡くなられた。このように話をしてくれました。

死んだというよりも、生き切ったということです。だから、その亡くなられた顔色を見ると、何もない、枯れ切って亡くなった、もう遺体というより「むくろ」という感じです。何もない、蟬の脱け殻のようなものです。そこには、なにも人間の肉体の雰囲気はない。エネルギーの最後の最後までを使い切って果てたのです。

これはいわば、瓦は瓦で精一杯の働きをする。氷は氷で精一杯に働く、屎は屎で精一杯に働く、その姿を表している。だから我々は死ぬのでなく、生き切るのである。生き切ると、自然に死がある、死というかたちがある。生き切らないからこそ、死というものを違うものとしてとらえて、苦しみ、悲しむ。

禅というのは、生き切ることである。それが宗教である。私はいまこのように、仏さま、本尊の釈迦牟尼仏と向き合ったかたちで提唱している。これはひとまず皆さんに語りかける態勢にはなっておりますが、我々の世界では提唱というのは、「蠢動含霊《しゅんどうがんれい》のうじ虫まで」と申しますが、あらゆるものに語る。そうして、仏さまと相対し、仏さまと話をする、仏さまと語る。この先生のように仏さまと語り切って、我々はいのちを終わればいいわけです。

けれども今の世の中は、仏さまと語り切っていませんね。どうも人としか語っていない。人と語って人の輪ができればいいのですが、人の輪の外へ出て行こうとする。少しでも出ていこうとすると、競争者がいる。これは悲しいことだと思います。

「透明の時」とは

昨日の龍村仁監督のお話、皆さんは大変感動をされたことと思いますが、そのポイントというのはどこにあったか。いまこの世の中で超人的な働きをする方々、それは一面、神とも仏ともいうべき人たち、そのような人たちを龍村監督は映像にされたわけです。

けれど、その人たちをよくよく観れば、共通したところがある。道はみんな違います。宇宙飛行士であり、トマトを育てる科学者であり、海洋学者であり、あるいは料理でもって人の心を癒す人などである。いろいろな方が取り上げられています。しかしその方々の話を聞いていますと、みんな共通点があります。ひとつの例で話をします。

料理をもって人の心を癒す佐藤初女さんという方がいます。この方はもののいのちを本当に生かす料理の仕方を知っておられる。いったいどのようにして料理を作るのか。例えばしゅんぎくをゆでて、それをあえものにして出すときに、どのようにするか。しゅんぎくというのは、ふつう生では食べることができません。ゆでてさらして、いただきますが、これはゆで方が大事です。どのようにゆでるのか。ぐらぐら煮えたっている鍋にしゅんぎくをすっと入れます。色がさっと変わってきます。変わってきますが、そのままほっておくと、すっときれいな色になって、それから茶色っぽくなってきます。二種類しか色の変化がないように見えるのですが、実は三種類の変化がある。生のしゅんぎくの色から、すっときれいな色になる。そのきれいな色の向こうに、透明な色がある。しゅんぎくが、その透明になったときにすっと上げる。それが早くても遅くてもいけない。透明になったときが、しゅんぎくの食べ時である。その前でもいけない、後でもいけない。これは大変なことです。

それを聞いたときに、ああ、修行の世界そのものだと思いました。じつは、この透明になる時というものを、すべての方々が言うのです。これは仏のタイムリーということでしょうか。われわれの肉体というものは透明にすることができますか。できたらそれが仏です。それができるのは何か。坐禅です。本当の坐禅です。内外の一切の境涯に向かって、心念が起こらない。内も外も、あなたがもし一匹の虫だったら、内も外も虫になりきる。動じない、変わらない、これが仏です。それが坐禅です。坐禅する姿が仏。本当の坐禅をすれば、それが仏だ。しかし、坐禅というのは形の問題ではない。それそのものになりきっている姿。

獅子はわが子を千尋の谷につき落とします。禅の修行というのはまことにその通りで、千尋の谷につき落とします。つき落として上がってくるものだけを、わが子として育てると言うのですが、なぜつき落とすのか。皆さんは家庭では子どももいれば、社会では指導しなければならない生徒や部下もいる。そういう者を千尋の谷につき落とせるかどうか。なぜつき落とすか、それは獅子の子だからです。獅子は馬の子を落としません。牛の子を落とさない。獅子はわが子だからつき落とすのです。皆さん一人一人が仏だから、つき落とす。上がって来れるか、必ず上がって来るのです。

だから、親が獅子になる。そうすれば子も獅子になります。どうもこれが今の世の中で足らないところだと思います。なにもわざわざ自信をもてというのではない。自信はすでにここにあるんです。病は心から来ると言います。皆さんお一人お一人の身体の病、心の病というのは、じつは自信がないところから来るんです。そうでしょう。獅子がわが子を谷底へ落とす。自信をもって落とすからこそ、わが子は上がってくるんです。あなた自身が獅子だと思っていなければ、上がってきません。獅子だという気概をもっているからこそ、獅子であるものをつき落とせる。必ず上がってくる。

雲門禅師の策略、常識を覆すようなことを言われたのは、ここです。ここを越えてこいと。好きだとか嫌いだとか、そういう世界を越えてこい、と。そういう世界を越えたらどうなるのか。みんな透明の世界にすっと入ってくる。焼き物も一緒ですね。窯の中で焼き上っていくとき、その時にどうなるか。だんだん変化していく、変化していく中で、じつは透明になる時がある。素焼きの陶器に釉薬をかけて、それを焼いていきます。窯の温度が千度以上に上ってくると、器の色が変わってきます。変化してどうなるか。真っ赤になって、そのままお終いではないのです。そこから、すらりと透明になる。透き通って向こうの壁まで見えるような。そこまで行かねばならない。鉄は熱いうちに打てと言いますが、じつは鉄を打つ時は透明な時なのです。ちょっと茶色っぽくなったり、とろとろしたときに打ったらどうなりますか。どうにもならんでしょう。打つべき時がある、それが透明の時です。

せっかくこの道場へおいでになりました。わずかな時間ですが、その中でわが身をこの道場の中に溶け込ませる。大自然の中で、自分と外とが境がない。これを天地と自己と同根一体と言います。それこそ間違いなく仏の心です。そうしてできるかぎり、皆さんお一人お一人がすばらしい人格者になっていただくこと。お釈迦さんと寸分変わらない、達磨さんや雲門禅師と同じ世界に生きる、よりすばらしいお一人お一人になっていただきますように。

ですから、百獣の王、獅子であるという自覚がなかったならば、いくら身体を鍛錬して、学問をして知性を磨いても、本当に役立てることはできない。獅子にも弱い獅子もいれば、体の悪い獅子もいるかもしれない、しかし、そこを獅子として期待していけば、必ずや百獣の王として進めるに相違ない。それを雲門禅師は「乾屎橛」といって、皆さんに覚醒を促している。

人人《にんにん》具足《ぐそく》、箇箇《ここ》円成《えんじょう》と言います。一人一人の生きようである。一人一人の素質を生かし切っていく。いつの日か死ぬのではなく、その日まで、この生命《いのち》を生かし切って、生き切っていく、生き切って最後の最後、蟬の脱け殻のようにこの世を終わっていきたいと思います。

この夏期講座においでいただいた皆さまには、先ほど申しました透明の瞬間、すがすがしいこの道場の中で、自分自身をすっかりきれいにする瞬間をもっていただければ、これに過ぎたる喜びはありません。ご精進のほどをお願いいたします。

善を思わず、悪を思わず——不思善悪（第二十三則）

六祖、因《ちな》みに明 上座《みょうじょうざ》趁《お》うて大庾嶺《だいゆれい》に至る。祖、明《みょう》の至るを見て、即ち衣鉢《えはつ》を石上に擲《なげう》って云く、「此《こ》の衣《え》は信を表わす、力をもて争うべけんや、君が将《も》ち去るに任す」。明、遂に之《これ》を挙《あ》ぐるに、山の如く動ぜず。踟躕 悚慄《ちちゅうしょうりつ》す。明曰く、「我は来って法を求む、衣の為《ため》にするに非ず。願わくは行者開示《あんじゃかいじ》したまえ」。祖曰く、「不思善、不思悪、正与麼《しょうよも》の時、那箇《なこ》か是れ明上座が本来の面目」。明、当下《とうげ》に大悟し、遍体《へんたい》汗流る。泣涙作礼《きゅうるいさらい》し、問うて曰く、「上来の密語密意《みつごみつい》の外《ほか》、還《かえ》って更に意旨《いし》有《あ》りや否《いな》や」。祖曰く、「我、今汝《なんじ》が為に説くは、即ち密に非ず。汝若《も》し自己の面目を返照《へんしょう》すれば、密は却《かえ》って汝が辺《へん》に在《あ》らん」。明曰く、「某甲《それがし》、黄梅《おうばい》に在って衆に随うと雖《いえど》も、実に未だ自己の面目を省《せい》せず。今、入処《にっしょ》を指授《しじゅ》することを蒙《こうむ》って、人の水を飲んで冷暖自知《れいだんじち》するが如《ごと》し。いま行者《あんじゃ》は即ち是れ某甲の師なり」。祖曰く、「汝若《も》し是《かく》の如くんば、則《すなわ》ち吾と汝と同じく黄梅を師とせん、善《よ》く自から護持《ごじ》せよ」。

無門曰く、「六祖謂《いい》つべし、是の事《じ》は急家《きゅうか》より出で、老婆心切《ろうばしんせつ》なりと。譬《たと》えば新茘支《れいし》の、殻《から》を剝《は》ぎ了《おわ》り、核を去り了って、你《なんじ》が口裏《くり》に送在《そうざい》して、只《た》だ你が嚥一嚥《えんいちえん》せんことを要するが如し」。

頌《じゅ》に曰く

描《えが》けども成《な》らず画《えが》けども就《な》らず、賛するも及ばず、生受《さんじゅ》することを休《や》めよ。
本来の面目蔵《かく》するに処没《ところな》し、世界壊《え》する時も渠《かれ》は朽ちず。

今回は、無門関の第二十三則「不思善悪《ふしぜんあく》」という公案《こうあん》です。

公案というのは言葉としては、公府《こうふ》の案牘《あんとく》（国の法律条文）から来たものですが、雲水はこのようなテキスト、テーマから修行の方法を探り出します。そういう修行の手がかりとなるもの、個人の安心の導き手となるものが公案というものです。

公案とは簡単にいいますと、悟りのマニュアルというほどのことで、これを皆さんが読んでいただいて、意味がはっきりわかって、さらにその裏側の深意まで了得してもらえれば、まずは悟りが開けるという意味合いのものです。もちろんそう簡単なものなら何も苦労はいりません。「案牘」というのは一歩間違えると「安直」と繋がります。扱い方を間違えれば薬になるどころか毒になるというのが、この公案でもあります。

今日のテキストを説明ができれば、いちおう私の目的とするところは達せられると思いますが、この文章は大変長いものです。ですから皆さんは一読されても、なかなか意味が取りにくいと思いますので、簡単に時代背景などを説明して、理解の助けにさせていただきます。

六祖、慧能禅師

本日の登場人物は六祖という方と明上座《みょうじょうざ》という方です。陰に何人かの人が隠れております。それをいまから説明いたします。この二人の問答が第二十三則の内容でありますが、まず六祖という方はどういう方であるか。そしてこの話はいったいどうして、にわかに大庾嶺《だいゆれい》の峠道に至る文章になっているかということを明らかにいたします。

六祖という方は中国の唐の時代に活躍された方ですが、六祖というからには、六祖の前に五祖という方があり、さらに四祖、三祖、二祖があり、一祖という方があるということになります。ではこの一祖という方はどなたかというと、これは一祖とは申しませんで、我々は初祖と申します。初祖大師とは達磨大師のことです。つまり、インドからお釈迦さまの法が中国へ伝わります。そして、その最初の法の継承者が達磨大師、ですから初祖と申します。その初祖達磨大師から、二祖慧可《えか》大師、三祖僧璨《そうさん》禅師、四祖道信《どうしん》禅師、五祖弘忍《ぐにん》禅師、そして六祖が大鑑慧能《だいかんえのう》禅師といいます。

　もともと六祖禅師、慧能さんという方は広東省、今の広州の出身、広東省の新州というところにお生まれになっています。これは七世紀のころなんですが、父親が都の下級役人でしたが左遷され、さらに没落した貧しい家にお生まれになって、農業の下働きをしながら、家庭を助けていた。小さい時に父親が亡くなったものですから、母親と二人。母親を養っておられたが、農業だけでは食べていけないから、山で木を切っては薪《たきぎ》を町に売りにいった。ある日、いつものように町へ出ると、ある家の軒先で「では薪を買いましょう」という人がいた。

　すると、その家の中からお経の文句が聞こえてきた。それはどういうお経かというと、金剛経というお経です。その金剛経の文句を聞くともなく聞いていた。日本人は、金剛経でも般若心経でも、読まれているお経を耳で聞いて、その意味が分かる人はまずありません。中国の方は母国語ですから、お経の意味がすぐ分かるわけです。ですから、この慧能さんは仏教の勉強をしていなかったということになっていますが、あるいは目に一丁字もない、文字も書けなかったという方ですが、言葉は分かりますから、耳で聞いてそのお経を心で受け止めて、その意味が分かった。

　しかしある一点で非常に心に引っかかるところがある。それはどういう言葉かというと、「応《おう》無《む》所《しょ》住《じゅう》而《に》生《しょう》其《き》心《しん》（応《まさ》に住するところなく、しかもその心を生ずべし）」。心というものはどこかに執着する、例えばいまここで私が話をしております。皆さんは私の話を聞いているという意識をどこかでもっておられる。途端にその心はもう心ではない、本当の心から離れてしまうという意味です。どこにも住さない、それは剣道の極意のようなものです。剣道の達人は剣を構えた時、相手の剣に目をつけてもいない、足につけてもいない、体につけてもいない。全体どこにもつけてはいない。そうすると、相手がどのような攻撃をしてきても、即座に反応ができる。「応に住するところなく、しかもその心を生ず」ということです。

そこを、その家の人が何気なく読んだのを聞き取って、どきっとした。なんとすばらしいお経だろうかと思ったのです。つまりこれは、それまで慧能さんがどれだけの毎日を送っていたかの証明でもあります。山で薪を拾ってくる、畑を耕して作物を作るために、毎日汗水をたらしている。畑で土を耕しながら、あれこれほかのことを考えていたのではない。これを売ったら五百円になるかな、千円になるかな、そういうことを考えて農業をしていたのではない。土を耕すときは一心に土を耕す。山へ薪を作りに行けば、なにも思わず、一心に木を切っておられたのです。だから、その体験があればこそ、どこにも心が動かない、その心が本当の心だという経文を聞いたときに、驚愕したのです。そうでなければこんなことはないでしょう。

直ちに「なんと素晴らしい文句でしょう。あれはいったい何というお経ですか」と訊いた。すると「よくそんなことを感じ取れたね、あれは金剛経という尊いお経だよ」。「では、その金剛経というお経を説いて教えてくれるお坊さんは近くにおいでになるでしょうか」、「金剛経を説いて、それを弟子に教えられる人はこの近くにはおいでにならない」。「では、どこにおられますか」と訊いたところ、そこは広州ですから中国でも南の方ですね。そこからさらに北方、「揚子江の北の方にある蘄州《きしゅう》、黄梅山にお住まいの弘忍大満《ぐにんだいまん》禅師という方が金剛経を説いておられる。非常に尊い方だ」と教えてくれた。

その途端に、なんとしてもその方にお会いしたいと思った。「そんなすばらしいお方がおいでになるんだったら、ぜひともお会いしたい」と言ったら、「殊勝なことだ。行ったらいいじゃないか」と奨めてくれます。ところが、「私は母一人、子一人、母親を養わなければならないのです。ですから私には余裕がありません」。するとその人が、やはり縁が熟したというか、そういう巡り合わせになっていたのでしょうね、「わかった。お前さんのお母さんは私が面倒をみてあげる」と言ってくれた。そして二十銀といいますから、それなりの金額と思いますが、路銀を出してくれた。それで直ちに旅に出た。蘄州を目ざしたのです。

一ヶ月かけて何百里の旅といいますから、一〇〇〇～二〇〇〇キロ歩いたということでしょうか。ところで一ヶ月に一〇〇〇キロを歩けると思いますか。まあ、普通の人では不可能でしょうね。雲水は一日に六〇キロぐらい歩きます。それを毎日続けることはちょっと無理ですが、四〇キロぐらいだったら毎日歩けると思います。すると、三〇日で一二〇〇キロですね、多分これぐらいで行けると思います。

「米搗きでもしておれ」

慧能さんは一目散にそこを目ざしたわけです。そしてついに五祖弘忍大満禅師とお会いすることができたのです。その時の問答がふるっています。こういうことは、めったに起きることではありません。彼がいかに天分があったかということ、それと、いかに真剣に毎日を過ごしていたかということがわかります。

初めて会う者には、「おまえはどこから来たか」。たいがいこう訊きますね。「広州から来ました」。南から、嶺南の土地から来ました。「いったい何をしに来たか」。そこで慧能さんは「仏になりとうございます」と答えた。すると五祖弘忍禅師は「嶺南の山猿、そんなものに仏になることはできぬ、山猿に仏性なぞあるものか」と言ったのです。

中国はその当時、都は長安にあった。北の方ですね。北は文明の地だが、南は全く未開の地。だから嶺南の山猿というのです。猿どもに仏性なしと。「仏になるような種はないぞ」。なぜこう言ったのか。差別して言ったのではなくて、一見して、この者は若いけれども、見どころがあると思われたのでしょう。だからわざとこう言われたのです。相手を試したということでもあります。

すると慧能さんはなんと返答したかというと、「中国には南北があるけれども、仏性にどうして南北がありましょうか」と、堂々たる応答です。仏というものにどうして南北がありますかと逆襲したのです。すると弘忍禅師はこの生意気な小僧がと、「おまえなぞはここで修行する資格はない」と言って、「典座《てんぞ》（台所）へ行き、米搗きでもしておれ」。

いまは脱穀機やらいろいろありますが、昔はそうではなかった。米搗きというのは、石臼の中に籾を入れて、籾摺りをして、さらに梃子を利用してこつんこつんと、選り分けた玄米を搗くわけです。昔はこれしかなかった。大変な労働です。一日でも休んだら米は搗けません。

慧能さんはその役に回されたのです。八ヶ月間、毎日それをやりました。私は三年ほど前に広州の曹渓寺にまいりましたときに、六祖禅師のお像に拝塔しましたが、じつはこの六祖像というのは即身仏なんです。亡くなった後に、中国ではそういうミイラを造る技術が大変発達していたようです。ですから埋葬せずに、即身仏にする準備をしていたのです。体が縮まないように処置して、ある程度ミイラ化したときに表面に漆を塗った。こうなるともう全く腐敗などの問題がない。さらに漆の上に金箔が塗られている。だから仏像そのものです。

初めてお参りした人は誰でも、これが六祖禅師のお像なのかと思うぐらいです。ミイラ化して小さくなったということもありますが、なるほどな、六祖禅師はそんなに大きな方ではなかったのだなと改めて確認できました。そういう人が毎日米を搗いていた。杵でこつんこつんと搗くのですが、体が軽量の人はきつい。タイミングが難しいのだそうです。経験した人の話を聞くと、ある程度の体重がないと難しいということでした。

それで慧能さんはどうしたかというと、背中に石を背負った。それを重しにしたそうです。このように五祖禅師の下で米搗きだけをされたのです。八ヶ月間なんの思いもなく、八ヶ月間を一日のごとく過ごしておられた。

「本来無一物」――神秀と慧能

あるとき、その八ヶ月目ですが、五祖禅師がもうこれで自分は法を説くことはしない。後継ぎを決めると宣言された。五祖禅師の下では七百人のお弟子さんがいた。

「自分はもう歳を取った。みんなの前で法を説くことがだんだん難儀になってきた。だから後継者をつくる。だが現状では名指しをすることはできない。みんなにテストをする。テストに合格したもの、わしの目にかなったものを後継にする」。そして「自分の心境、自分の悟りの境地というものを、一つの詩偈に託してもってきなさい。それを見て私が判断しよう」と。

いったいどういうことかと言うと、我々修行者は自分の悟りの境涯というものをなにかで表わさねばならない。表わせるものかどうかは、先ほどの「応無所住而生其心」ですから、本来表わせない。けれど表わせないものを表わす。では七百人の弟子たちがこぞって何か書いてきたかというと、だれも書かなかったそうです。一人として書けない。なぜかというと、弟子の中に非常に優れた人が一人いた。神秀《じんしゅう》上座という人です。お弟子さんの中でもピカイチ、この人に徳の面でも学業の面でも敵うものは一人もいない。だから「彼こそ我々の次の老師さまである」、これはみんなが認めていた。だから書きようがない。書いてもしょうがない。

そこで神秀上座はみんなの期待がありますから、ある一つの詩偈を作って提出した。直接、老師にもっていかれるといいのですが、自信がなかったのか何度も逡巡して、遂に、一人夜中に壁に書いて示された。

身はこれ菩提樹
心は明鏡台の如し
時々に勤めて払拭して
塵埃《じんあい》を惹《ひ》かしむること莫《なか》れ

簡単に説明しますと、この身体というものは菩提樹、悟りの当体である。悟るのはこの身体である。ただの身体ではなく、そういう悟りを体験できるところの身体である。また心は非常にきれいな鏡のようなものだ。だから菩提にも鏡にも埃をつけないように、毎日毎日、磨きなさい。そこが悟りの世界である。毎日心の鏡を磨いて修行しなければなりませんよ、という意味でもあります。

なかなかいいなと皆さんも思われますね。ここ正眼寺へきて浮世の垢を落として、すがすがしくなって下山される。しかしたいてい数日も経つと、そんなことはきれいさっぱり忘れてしまうもの、ですからまた来られて、今年も頑張られる。こういうことを続けていけば、たぶんいつか悟れるという、そういう内容でもあります。

黄梅山の修行僧の大半はこれを見たときに、「ああ、すばらしい偈頌だ」と思ったのです。ところが五祖禅師はちらっと見たが、何の反応もされずに、「このとおりに修行すれば必ず悟りを開けるだろう」と、言われた。

そうして、この詩を唱える声がついに米搗き小屋の慧能さんの耳にも入った。慧能はそれを聞いて、「まだまだこれではいかんな」と思ったのです。まだ二十代ですよ。神秀上座は四十代か五十代ですね。しかし、悟りの世界では歳を取っているとか、歳が若いとかということは言えない。後のものが先になり、先のものが後になる。それで「まだまだこの偈は私にはぴんとこないなあ」と、うっかり言ってしまったのです。それを聞いた雲水が「おまえ、なんと高慢なことを言うのだ。この米搗きの雇われ者がなんと偉そうなことを言うか」と言って、怒って行ってしまった。でも、まだ十分でないということが慧能さんにはよくわかるものですから、「私も一つ詩ができた。それを書いてくれないか」と、別の小僧さんに頼みこんだ。その小僧さんが「よし書いてやろう」と書いてくれたのが、次の詩です。

菩提本《もと》樹なく
明鏡もまた台に非ず

本来無一物
何れの処《ところ》にか塵埃を惹かん

菩提というのは、もともと木でも身体でもない。心は鏡のようなものではない。鏡はたしかにきれいだ、何でも映すが、心を鏡と決めてしまったら、「応に住するところなく、しかも心を生ずべし」ではなくなってしまいます。だから心は鏡のようなものではない、本来無一物、何もないのだ。無だ。この無のどこにちりほこりをつけることができるのか。これが「何れの処にか塵埃を惹かん」ということです。

初めて、この詩を読んだ人でも、全然レベルがちがうということがわかると思います。大変に境地の高い詩を作られたのです。みんなおどろいた、「これはすごい」と。ところが、ここに師匠の五祖弘忍禅師がおいでになって、その詩を見て、「こんなものはいかん」と言われた。なぜか。

いままで正式に修行したことのないものが、このような高い境地に立っているというのは、なんと素晴しいことかと、老師にはすぐわかる。「これこそ私のまことの後継者だ」と。会ったときからわかっていたのです。面と向かって会えば、その人の能力というものはだいたいわかるもの。これこそ大法の器だということです。八ヶ月の間待っていた。ようやく機が熟して、このようなすばらしい偈頌を書いている。しかしいまここで褒めてしまえば、きっと修行者たちから妬まれる。頭を剃っていない者が一気に他の修行者達を越えて駆け抜けてしまう。これはいかんということで、その偈頌を拭き消してしまわれたのです。

「もう米は搗けたか」

でも、その夜、米搗きの部屋にふらりと来られた五祖は、慧能に向って「米はもう搗けたかな」と問われた。すると「はい、もう搗けました。搗いても、これをふるってくれる人がいません」と。

米は搗けたかなというのは、「心は熟したかな、悟りは開けたかな」ということ。それにたいして、「搗けたのですが、このことを認めてくれる人がいません」と慧能が応えますと、五祖は杖で床を三度打って出て行きました。その真夜中三更に、慧能は五祖の部屋を訪れます。招き入れられた五祖禅師のところで、そこで初めて宗旨の一大事についての問答があって、はっきりと悟りの眼を開き、法の後継者になられたのです。

だが五祖禅師は、その夜のうちに「おまえは直ちにここから去れ」と言われたのです。「このままでいると、必ずおまえに危害が及ぶ」。世間の人は嫉妬深いが、お坊さんはもっと嫉妬深い。悟っておればそういうことはないが、悟ってないからこそ嫉妬深い。そこで慧能を逃がしてやるのです。五祖自ら川を舟を漕いで送られたのです。

その後、五祖禅師はなにも法を説かない。朝のお勤めにも出てこない。一切、老師としての役目を果たされなかった。修行者は一様に疑問に思いまして、「どうされたのですか」と問うと、「わしはもう法を伝えてしまったよ。だからもう法を説くことはない」。「では、いったいだれに伝えられましたか」と訊いても、名は言わない。「よくするものがその者だ」と言われた。よくするものというのは、慧能です。「あいつだな」と皆にもわかったのです。実際、米搗き部屋に彼がいない。弟子たちは愕然とするとともに、怒りがこみ上げてきた。嫉妬を超えて怒りになった。

我々を損なうものを、三毒といいます。貪《とん》・瞋《じん》・痴《ち》といいますが、貪はむさぼりのこと、瞋というのは怒り、痴というのは愚かさです。愚かさは昂じると怒りになり、怒りは貪りの心より生ず。三毒とは申しながら、それぞれ関係がないわけではありません。我々の心をじっと観察してみますと、貪り、怒り、憎しみ、そして愚かさというものが、いやおうもなくあり、それが自分の心を損なうわけです。そして苦しみを自分自身に生じさせる。

この怒りが五祖山の雲水の中に沸き上がってきて、「これを許しておくものか」と、皆が血相を変えて追いかけた。追いかけた弟子の中の一人が、ここに登場する明上座です。慧能は南に逃げたと思われる。彼は南からきた人です。南の方へ行くには、かならず峠を越えなければならない。その峠が大庾嶺というところです。南方の地から長安の都に行くには必ず大庾嶺を越えなければならない。そこまで追いかけてきたのです。ここからが今日の内容です。

「衣鉢」――六祖と明上座

「六祖、因みに明上座《みょうじょうざ》趁《お》うて大庾嶺《だいゆれい》に至る。祖、明の至るを見て、即ち衣鉢《えはつ》を石上に擲《なげう》って云く」。

では、明上座という方はどういう人か。この人は中年ぐらいまで武将であった。もともと大変位の高い家柄に生まれて、歴代、将軍職を踏襲するような家門であった。あるときにふと無常感を覚えて出家をして、五祖禅師の下で修行を始めた。「道を求めること、すこぶる切なり」といわれ、まことに一生懸命修行された方です。常日頃、体力を鍛えていた武将ですから、足も速い。韋駄天走りで、いっきに走ってきた。他の者はずっと遅れてしまった。夜も昼も休みなく追いかけて、法を求める一途なものをもっていたのです。それでどうなったか。

大庾嶺に私も行ってきましたけれども、湧き水があり、休息できるところです。そこに平らな岩があって、その上で慧能さんは坐禅をしておられたのです。だれかが追いかけて来るだろうと予測はついていたと思うのです。そこへ明上座が追いついてきた。「待て」、「けしからんじゃないか。単なる米搗きのくせに老師から衣鉢を奪うとは」。

ここに「衣鉢」とありますが、これが後継者であることの印です。お釈迦さまからずっと法が伝わって、その二十八人目が達磨さんです。その達磨さんが中国へもってこられたのが、衣鉢です。鉢、つまり食器です。それと、衣は袈裟《けさ》です。ここに登場するのは二十五条袈裟です。二十五条というのは見たことがないのですが、たまに九条袈裟というものを着ます。その他に、十一条、十三条と、要するに布の折り目の数がその数字となります。九条袈裟を着ますと、五キロぐらいの重さがあります。二十五条だと十キロでしょうか。着るものとしては、大変な重量だと思いますが、それをお釈迦さまがまとっておられたというのです。ですから法の後継者は必ずこれを承ける。

この後のことが今日の則で大事なことですが、そこで慧能はその衣鉢である袈裟をぽんと石上に置いて「此《こ》の衣は信を表わす、力をもて争うべけんや、君が将《も》ち去るに任す」と、粛然と言ったのです。

この衣は信を表す。信望の信でもありますが、歴代の祖師方から伝わってきた悟りの証でもある。単なる物ではなくて、悟りの証である。だから力でもって争うものではない。この衣鉢をもっているから法の後継者なのではなくて、法の後継者になったから衣鉢が伝わったというだけのこと。だからあなたが、これを欲しいのなら、あげよう。こんなものにはなんの意味もない。

この明上座は途端に動けなくなった。なぜか。確かに怒り心頭で、ずっと慧能を追いかけてきたのですが、それは、あんな米搗きに法をもっていかれてしまったという怒りもあるでしょうが、本当は自分に対する怒りである。まことに法を求めることすこぶる切なりという、その自分が法を受けることもなく、法が他に行ってしまう。これほど不甲斐ないというか、悲しいことはない。

だからこそ追ったのです。法を追いかけてきたのであって、慧能を殺そうと思って追ったのではない。

　だから「此の衣は信を表わす」といわれて、愕然としてしまったのです。自分はそうは言いつつも、この衣鉢をなんとか取り戻そうという浅ましい思いで来たのだ。世間的な価値判断でもって、法を追い求めていたということが、はっきりわかった。衣鉢に価値があるのではない。法そのものが尊い。

　そうではあるが、これを取り返しにきたのですから、ふっと手をだして、これを持っていこうとした。しかし「山の如く動ぜず」。持ち上げることもできない。そして「踟躕《ちちゅう》悚慄《しょうりつ》す」。本当に進退極まるというか動けなくなった。「悚慄」というのは、驚き恐れるということです。

　そこで初めて明上座は辞を低くして、もうこの人に敵うものではないとわかったのでしょう、また法を求めること切だからこそ、「我は来《きた》って法を求む、衣の為にするに非ず。願わくは行者《あんじゃ》開示したまえ」。この衣のために来たのではない、法のために来たのだから、どうぞ私のために教え示していただきたい、と言った。

　ここで、六祖慧能禅師はなんとおっしゃったか。「不思善《ふしぜん》、不思悪《ふしあく》、正与麼《しょうよも》の時、那箇《なこ》か是《こ》れ明上座が本来の面目」と。「不思善、不思悪」というのは、善を思わず、悪をも思わず、まさにその時、明上座、あなたの面目というのは何か。こういうふうに問うたのです。善をも思わない、悪をも思わないということは、簡単に言えば何も思わない。何も思わないときに、あなたはいったい何者なんだ。何も思わないあなたは、いったい何者なんだということです。つまりなにものも思わない状態になっていないと、この質問は頷けないということ。

明上座はなんとしてもこの衣鉢を取り戻そうとして走ってきた。ところが「踟蹰悚慄す」、途端にいままでの思いが大変化を起こす。まさに驚天動地です。そこで「なにも思わないあなたとは何者だ」と言われて、ガラッと「明、当下《とうげ》に大悟し」、大きな悟りの世界に徹底した。悟りを開かれた。「遍体《へんたい》汗流る」。体中に汗が流れてきた。暑くても汗が流れるが、この場合は寒くても流れる。「泣涙《きゅうるい》作礼《さらい》し」、感動で涙が溢れ出てきた。大感激というのは容易に得られるものではありませんが、明上座は本当に幸せな方ですね。

そこで、「問うて曰く、上来《じょうらい》の密語《みつご》密意《みつい》の外《ほか》、還《かえ》って更に意旨《いし》有《あ》りや否《いな》や」。あんまり簡単に悟ってしまったものですから、少々不安を覚えて「確かにすばらしいお言葉をいただいた。しかし、もう一つ徹底した言葉でお示しください」。あまりに簡明直裁に悟りを開いたものですから、「ほかに秘密の言葉はございませんか」と。密という字は、秘密、隠すというような意味ですが、この場合の密というのは、格別に尊いことという意味です。

ところが、六祖はなんと言われたかというと、「我、今汝《なんじ》が為に説くは即ち密に非ず。汝若《も》し自己の面目を返照《へんしょう》すれば、密は却《かえ》って汝が辺《へん》に在《あ》らん」。眼前に明らかで、なにも秘密なことはない。もし秘密のことがあるとすれば、それはあなたの心の中にまだ隠していることが残っているからだ。もし、自己の面目をはっきりと手に入れたならば、あなた方一人一人の目に触れ耳に触れるもの、真理でないものはないはずだ。

明云く、「某甲《それがし》、黄梅《おうばい》に在って衆に随うと雖《いえど》も、実に未だ自己の面目を省《せい》せず。今、入処《にっしょ》を指《し》授《じゅ》することを蒙《こうむ》って、人の水を飲んで冷暖自知《れいだんじち》するが如し」と。五祖禅師のおいでになったところを黄梅山といいます。この黄梅山で精一杯の修行をさせてもらったが、いまだ悟りの入口に立つことができませんでした。いま慧能どの、あなたの指示を蒙って悟りを開くことができた。まことに水を飲んで、自分でこの水が冷たいか熱いか、美味いか不味いか判断できるように、はっきりさせてくれたのはあなたです。だから「いま行者《あんじゃ》は即ち是れ某甲の師なり」。あなたこそ私の師匠です。どうか師弟の契りを授けていただきたいと言ったのです。

だが、一方はまだ髪の毛の伸びている行者、しかも二十代の青年。そこで慧能さん、「汝若《も》し是《かく》の如くんば、則ち吾と汝と同じく黄梅を師とせん、善《よ》く自から護持《ごじ》せよ」。やはり我々はともに黄梅禅師のもとで修行したのですから、あなたと私は兄弟弟子である。だからあなたの師匠は黄梅山の五祖禅師である。もしこの法を、あなた自身はっきりわかったのならば、それをしっかり護って、これから保っていただきたいと言われたのです。

このような内容ですが、この後、明上座、慧明《えみょう》は、すぐに引き返します。追いかけてきた他の弟子たちと出会ったが、「あの行者はどこへ行ったか」、「いや、わしはずっと向こうの方まで捜してきたが、行者はいなかったぞ」と言う。「どうも違う道を行ったようだ。だから我々はもう帰ろう」と言えば、みなも納得した。それから十五年間、慧能は世の中から姿を消します。そして十五年たって、ふたたび姿を現します。その話がまた無門関（二十九則）に出てきます。それはさておきまして、その後の明上座はどうなったか。慧明は五祖山に帰りませんでした。蒙山という山に一人で入られて、さらに心境を高め、蒙山の明禅師として世間に名を馳せます。ご自分の名前は慧明ですから、慧能禅師の慧という字が一緒です。先ほどのように五祖禅師が師匠ですが、自分の真の師匠はやはりこの慧能行者です。慧能の慧という字を使うことを憚り、名前をすぐに道明《どうみょう》と変えられたのです。そして、自分のところへ修行にくる弟子たちを指導されたわけですが、ある程度修行ができると、必ず六祖禅師のところへ送ったのです。二度と六祖禅師に会わなかったそうですが、このようにして師弟の思いを込められたといいます。

修行の世界――入門半年の思い出

このような感動的な話ではありませんが、私もこの道場の中で、はっと思うことがいくつもありましたが、そのうちの一つをお話して、この内容の補足をしたいと思います。

まだ本当に修行というものがなにかわからない頃、それでもここにいる雲水でもそうですが、それ相応の覚悟をもって道場に上がってくる。そして大きな意思をもっている。なんとしてでも自分自身を少しでもわかりたい。いまはそういう気持ちをもって来る人は少ないかもしれませんが、大半の者は悟りというものがなにかわからず修行の世界に入ってきて、そんな中で公案をいただく。公案をいただいて、修行の方向をある程度つけてもらう。つけてもらいながら、毎日毎日、朝早くから夜遅くまで、行事に追いまくられ、もう体も心もへとへとになる。それが道場の修行のありさまなのです。それがかわいそうだとか、どうのこうのではない。伝統的にこうしなければならないという理由があるわけです。

入門して半年も経たない頃に、私は体がぼろぼろになってしまった。体力は自信があったのですが、残念なことに道場に入る前に腰を痛めてしまった。それがヘルニアに近かったものですから、腰の牽引に通っていたのです。そうしないと足腰がしびれてしょうがない。そうこうしているうちに、正眼寺に掛塔《かとう》といって入門する時期がきた。ここで完全に治して、来年行けばいいじゃないかという思いもあった。そうしてもいいのでしょうが、半年も前から道場に修行に行くぞと言った手前もあって、なにか情けない気がしたのです、ここでまた一年遅らせるということが。そこで、しかたがない行くかということになりまして、こちらへ来たのです。体のことなど思う余裕もなく道場の中へぽんと放り込まれたわけですから、お経もあまり覚えてないような状態で、行事の中でずっと追い回されて、付いていくのが精一杯でした。

しかし、なんとかごまかしごまかししてきたのですが、いよいよどうにもならない時期が半年も経たないうちにまいりました。朝は三時に起きる。夜寝《やす》むのは私はだいたい午前一時か一時半です。なぜかと言うと、三十五人も雲水がいるものですから、全て後々になります。道場に入門した場合には一歩でも先に入った人が先輩になり、そして先輩よりも先に寝むことはできない。

風呂の場合は先に入ることができないから、後から入るのですが、遅れて出ることもできない。これが情けない話です。つまり一番後から入って、一番先に出なければならない。どぼんと入って、どぼんと出る。軍隊もそうであったと言いますが、全くそれと似たようなことです。その間になんとか体を洗わなくてはいけないという離れ業を身につけましたが、それはまあどうでもよろしい。

九時半に夜のお勤めがある。そこでいちおう消灯になりますが、それから夜の坐禅、夜坐《やざ》が始まります。夜坐にいって、それで帰って来るのが一番最後になります。三十五人いる中の私は三十五番目です。かりに一人五分、時間がずれ込んでも、百七十五分です。三時間ぐらいになる。あっという間に、午前一時過ぎです。

その当時一緒に修行したものたちから、私は「休さん」と呼ばれていた。宗休だから、休さんです。「休さんは末単《ばったん》だから、禅堂に戻るのは最後だぞ」と彼らから言われ、自分でもその通りに毎晩の夜坐では居眠りしながらも起きて坐っていた。それを毎日続けた。今は笑って言えますが、一時間とか二時間しか寝めない日が毎日続いておりますと、もう体がいうことをきかなくなる。腰から下が痺れて棒のようになる。へとへとでふらふらしている状態になる。これでは、あと一月か半月かしたら死ぬかもしれないという不安さえ湧いてきた。でもやらなければならないことは、やらなければならないのです。夜一人きりになって坐っている。一時ごろにぽーんと鐘が鳴る。もう一時だな、これから寝ても二時間しか寝めないなと思う。次の日は一時半ぐらいになる。時計の音だけはきこえますから。もうあと一時間ぐらいしかないな。そういう日が続いたのです。

毎日毎日、そしてあるとき、ぴんと頭に浮かんだことがある。もう一刻も早く山を下りなければいけない。これが一番楽になる方法なのです。このままいくとばたっと倒れて死ぬかもしれない、もちろん死ぬ以前に何とかしなければと思ったのです。これを真剣に考えた。そうなると、修行のことなどそっちのけです。一日を耐えるのが精一杯。ならば早く倒れなければいけない。なぜかというと、このままずごすご逃げるということもケースとしてはありますが、いかにも情けない。ばたっと倒れたい、そうすると、だれかが担架で山から下ろしてくれる。そうして、「あいつはどうも修行を一生懸命やっていたようだけれども、思い半ばで倒れたな。かわいそうだけれども、故郷へ返してやろう」となる。そういうことまで考えたのです。

これが一番いい方法だというので、それから頑張りました。今思えばおかしいですが、一刻も早く倒れるための方策を練った。だが、寝る時間をゼロにすることはなかなかできない。人間の欲望の中には食欲、睡眠欲、性欲とかいろいろありますが、一番最後まで残る欲が睡眠欲だということがよくわかりました。睡眠欲というのは最後の最後まで残りますね。これは極限までいけば死ぬという願望だと思います。人間、二時間とか三時間とか必ず寝まざるをえない。そうして思うことは、この後二時間とか一時間半しか寝めないという思いがそこで出てきます。早く倒れたいと思いながら、この〝しか〟は浅ましいものです。

そして、そんなある日、いつものように本堂の縁で坐っていました。それもまともな格好で坐っているのではないのです。船を漕ぐというのか、しかし、それでも半分は起きているのですね。月が煌々と照っている。私はぼんやりと坐っていた。時計の音がぼーんぼーんと二時を打った。それで、あと一時間半しか寝めないなと思う。だが一時間半しか寝めないと思う、その途端に、一時間半も、というように思っていた。「しか」というのが「も」に変わったのです。

自分でも意味がわからない。毎日毎日、とにかく「しか」という言葉しか出てこなかった。今日は一時間半しか寝めない。これは自分の恨みから出てくるのですね。こうして修行にきたのだが、一時間半しか寝ませてもらえない、だれにぶつけるわけではないが、そういう恨みがあったと思うのです。しかし、逃げることも踏みとどまることもどうにもならなくなったそのときに、恨みを超えてしまったのか、その恨みが頭に浮かばなかった。一時間半「しか」寝めないというのが、一時間半「も」になったのです。

「も」となった途端に、涙がぽろぽろっと流れ出た。これは本当に不思議だったのですが、そのときになぜ今まで倒れなかったのかということがはっきりわかったような気がした。倒れて早くここを遁れたい。そのために毎日頑張った。一週間経っても二週間経っても倒れない。やり方が足りないのかなと思って、さらに負荷をかけて頑張ったけれども、頑張る限度というものがあります。限界まで来てかならず倒れるはずだが、と期待している、その主客ともに倒れた。途端に明らかになったような気がしました。

悟ったというのではないのですが、なぜ自分がここに来たのかという意味、それから、どうして生かされているのかという意義がはっきりわかったのです。その時点から、がらっと自分が変わりました。いままで腰が痛くてたまらなかった。その日からぽんと軽くなってしまった。それからも一時間とか一時間半とかの睡眠時間がずっと続いておりましたが、それでも倒れることもなく、一年経って暫暇《ざんか》で家へ帰ったとき、体の変化を見て親が驚くほど、頑強になっていました。気持ちまで堂々となっていたのを憶えています。

「信」とは何か

もちろん明上座の話とはずいぶん差がありますが、私もこういうことを時々体験したものですから、今日まで来れたということは言えます。さて、この無門禅師の「評」の中に、「譬《たと》えば新茘支《れいし》の、殻《から》を剝《は》ぎ了《おわ》り、核を去り了って、你《なんじ》が口裏《くり》に送在《そうざい》して」と書いてありますが、これはどういうことかといいますと、茘支というのはウリ科の果物で、この当時は貴重な果物です。楊貴妃が非常に好んだので、玄宗皇帝は楊貴妃の機嫌を取るために、毎日南方の地から苦労して、この茘支を運ばせたという、珍しい果物です。この茘支の皮や中の核を取って食べやすいようにして口に押し込んでくれたというのが、この六祖禅師が明上座に言った言葉だというのです。

どういう意味かというと、外側の皮があったら茘支は食べられない。中にある大きな核、これも食べるには不都合なところ。両方とも取り去ってくれて、口の中に押し込んでくれた。これが「不思善、不思悪、正与麼《しょうよも》の時、那箇《なこ》か是れ明上座が本来の面目」の語である。皮を取り、中の核を取り去る、親切を経て、茘支の美味しさを満喫できた。と同じように、醍醐の味の悟りの真只中にいる。ということは、われわれも、必ず悟ることができます。なにを悟るのか、「悟」というのは、立心偏に吾、つまりわが心を悟るのです。わが心を知ることが悟りです。

　そのためには信念ということが必要です。「信」というのは一つには「人の言葉」という意味です。人の言葉、これがどうして信念なのでしょうか。われわれは返事をするとき、「はい」とか「いいえ」とか言うでしょう。けれども、皆さん、「はい」とか言いながら、「はい」ではないでしょう。「はい」の裏側にちょっと「いいえ」が入っていたりする。「嫌い嫌いも、好きのうち」などというけれど、「はい」と言いながらも「いいえ」。「いいえ」と言いながらも「はい」なのです。「好き」と言いながら「嫌い」があり、「嫌い」と言いながら「好き」が潜んでいる。「好き」で「好き」と言えますか。この「はい」を「はい」と言い、「いいえ」を「いいえ」と言うことが、信なんです。信念の信、信仰の信、信心の信とはそういうことです。

「はい」を「はい」と言い、「いいえ」を「いいえ」と言い切ることが、信念であり信仰です。だから、仏さまの前でなにかお願いするのが信仰心ではないんです。仏さまと一つになることが信心です。それは仏さまの前ではうそはつけない、ついてはならないものでしょう。だから信という。これを簡単にいえば、「はい」を「はい」と言い、「いいえ」を「いいえ」と言う。

それをするためには、核を取らなければならない。外側の皮も、内側にある余計なものも取らなければならない。その時に本物の信が出てくるということです。それを修行の中でしていく。生活の中で徹底していくということを、じつは無門禅師はおっしゃっているわけです。

この暑い盛りに大汗をかいていただいて、講座に参加していただいております。そこで汗をかくと同時に、外側の皮をとり、内側の核を外してしまう。その時に本物のわれわれが出てくるということです。

だから「不思善不思悪」というのは、なにも思うことがない状態に、言葉を替えていえば、己れのない状態に、自分自身を投げ込んでみると、かならずそういう世界を知るということです。かならず知ることができるから、それを信といいます。「はい」には「はい」、「いいえ」には「いいえ」と言える、言わなければならない、そういう世界を信というのであって、それを宗教というのです。

どうも世の中はそうでないということで、いろいろな問題をはらんで、我々は二十一世紀を迎えております。昨日の末次一郎先生のご講演にもありましたが、科学の進歩というのはもう止めようもない状態です。この科学の進歩を右するか左するかは、皆な人の力です。人の心ですね。その人の心によって、科学はおかしな方向へ動かされることもあるのだということ、そのことを知りなさいと、末次先生はおっしゃいました。本来の自分に還って、科学に使われるのではなくて、科学を使う人になってほしいということです。それを使いきる能力がどなたにもあるということです。

ですから、これを使うのがいいのか悪いのか、それが好きなのか嫌いなのか。なんの計らいもなく「はい」を「はい」と言い、「いいえ」を「いいえ」と言える自分を、きちんと摑むことです。きちんと自覚することです。そのことが一番大事なのだということです。この講座全般を、そのことをお一人お一人が自分に問う時間として使っていただければありがたいことだと思います。

言語を離れよ――離却語言（第二十四則）

風穴和尚《ふうけつおしょう》、因みに僧問う、「語黙《ごもく》、離微《りび》に渉《わた》り、如何《いかん》が不犯《ふぼん》を通ぜん」。穴云く、「長《とこし》なえに憶《おも》う江南三月の裏《うち》、鷓鴣《しゃこ》啼《な》く処《ところ》百花香《ひゃっかかんば》し」。

無門曰く、「風穴《ふうけつ》、機掣電《きせいでん》の如く、路を得て便《すなわ》ち行く。争奈《いかん》せん前人の舌頭《ぜっとう》を坐して断ぜざることを。若《も》し者裏《しゃり》に向かって見得《けんとく》して親切ならば、自《おのずか》ら出身の路あらん。且《しば》らく語言三昧《ごごんざんまい》を離却《りきゃく》して、一句《いっく》を道《い》い将《も》ち来れ」。

頌に曰く

風骨《ふうこつ》の句を露《あらわ》さず、未だ語らざるに先ず分付《ぶんぷ》す。
歩を進めて口喃喃《くちなんなん》、知んぬ君が大いに措《お》くこと罔《な》きを。

出会い――無門禅師と法燈国師

この提唱の時間は、無門関という禅の語録を使っております。今回は、その第二十四則「離却《りきゃく》語言《ごごん》」です。先にも申しましたが、無門関の著者、無門慧開《むもんえかい》禅師は中国の宋の時代に活躍された、禅門において大変重要な方です。無門禅師がまとめられたので、無門関といいます。

私はいま正眼寺の住職と、和歌山の日高郡由良町にあります興国寺の住職をしております。この興国寺の開山さまは、法燈圓明国師《ほっとうえんみょうこくし》という方です。法燈国師は、一二四九年に宋の国に渡っております。そして六年間の修行を経て、六年目にこの無門慧開禅師にお会いしております。どこでお会いしたかといいますと、浙江省の杭州府です。江南の地、西湖で有名なところ。中国でも特に風光明媚なところといわれています。各地での六年の修行の後に、この地で無門慧開禅師と会うことができました。その間いろいろのことがあったわけですが、それは省いて無門禅師との出会いを聞いていただきたいと思います。

渡航後の各地での修行を経て、広い中国でまさに無門禅師こそわが師であると確信しましたので、浙江省でも南の方から行脚してついに無門禅師のおられる寺に到着して、ただちに無門禅師と会われます。これを相見《しょうけん》と申します。相見のときのエピソードが非常にふるっています。

全く一面識もないお二人。無門禅師はそのときすでに七十歳を越えておられた。後の法燈国師、そのときは心地覚心《しんじかくしん》というお名前ですが、四十八歳になったところです。五十歳を前にして海外に渡るということは大変なことです。人生五十年の時代ですから、一般的にいえば晩年です。その晩年に大冒険をしたわけです。今のように飛行機はありませんから、船で渡る。博多からですが、大変な航海だったと思います。実際に往きはそうでもなかったようですが、帰りには嵐に遭遇したといわれています。

人生の最晩年で未知の国に修行にいかれたのです。さあ、無門禅師とお会いしました。無門禅師のおいでになった寺というのは仁王護国禅寺と言います。仁王禅寺とも略して言いますが、無門禅師のお寺ですから、一般に無門寺とも言われています。

初相見したときに、無門禅師から鋭い質問が出ます。「当所は無門なり」、さらに「門がないのに、どこから入ってきたか」という質問です。門があれば門を開けて入ってくる。玄関があれば、玄関を訪ねてそこから入る。無門ですから、どこにも門がない。いったいどの門より入ったかと、こういう質問です。これはおろそかにできません。

心地覚心禅師は修行が大変に進んでおられたと思います。直ちに答えた。「無門より入る」と。無門だから、いったいどこから入るのか、門がなければ入りようがないではないか。ところが、門無きところより入る、と。なにもこだわっていません。

そこで、これはただ者ではないと。無門禅師は、さらに「汝の名は」と問いますが、それに対して答えて「覚心」と。正直といえば正直ですが、「心を覚った者」と言ったのであって、まことに意味深い。こう確かめられて、無門禅師は、「汝、来たること、はなはだ遅し」と言われた。直ちにですよ、その一言でもって、来たることはなはだ遅しと言われたんです。おまえさん、来るのがじつに遅かったが、私の生命はあと一年しかない。わが寿命はあと一年で尽きる。実際七十一歳で亡くなっておられる。そのようにおっしゃったそうです。ただ幸いなことに、しばし時間がある。「時あり」と、こう言われて、自分の手をもって室に導き入れられたということです。こういう出会いも、そうあるものではありません。全く一面識もない外国人に一言の問答をもって、これは自分の後継者である、法の後継者であると師匠は悟り、この異国の弟子はこれこそまことにわが師であると了解した。

恵果《けいか》阿闍梨と弘法大師の出会いとよく似ています、時代は四百五十年ぐらい離れていますが。そして留まること半年、無門禅師の一切を受け継いで日本に帰ってこられて、高野山に登られて報告した後に、今ある和歌山県の日高郡由良町の興国寺に住山され、そこで禅を広められたのです。法燈派という一つの宗派を築かれたわけです。後にその派は衰退いたしますが、臨済宗別格寺院、尺八の普化宗、普化尺八の根本道場ということで、由良興国寺は知られています。

そういう出会いがあって、この無門関が日本に招来されました。心地覚心禅師は法の後継者ですから、無門禅師はご自身が著された本を差し上げて、そして、伝法衣《でんぼうえ》という袈裟を渡され、さらにいくつかの仏像、画像も差し上げられたそうであります。そういうものが現在、すべてでは

大道無門

ありませんが、興国寺に残っております。

このように無門関というのは、心地覚心禅師、後の法燈圓明国師によって日本にもたらされました。今日は「離却語言」という話でありますが、無門関のこの則は、いま申し上げた無門禅師と法燈国師との出会いが、一つのよい例として皆さんの理解の助けになるのではないかと思います。語言を離却せよということは、言葉を離れろということで、余計なことを話すなという意味ではない。言葉を離れてなにかを伝えなさいということです。この無門禅師と法燈国師との出会いも、言葉が確かにあることはあるのですが、言葉でないものが伝わったということを、感じていただければ幸いなわけであります。

風穴和尚と南院禅師

では、今日の本文、本則を読んでいきましょう。

「風穴《ふうけつ》和尚、因みに僧問う、語黙《ごもく》、離微《りび》に渉《わた》り、如何が不犯《ふぼん》を通ぜん。穴云く、長《とこしな》えに憶《おも》う江南三月の裏、鷓鴣《しゃこ》啼《な》く処《ところ》百花香《ひゃっかかんば》し」。

これで何が書いてあるか意味がわかる人があれば、問題はないわけですが、風穴和尚という方がまずわからないと思います。風穴和尚という方は、臨済禅師の第三番目のお弟子さんです。第三番目というのは、その時代の三番目ではなくて、三代後のお弟子さんということです。

臨済宗の祖、臨済禅師のこともお話しせねばならんのですが、その時間がありませんので、その法の流れだけを簡単にお話しします。臨済義玄禅師の直系のお弟子さんは、興化《こうけ》存奨《そんしょう》禅師という方です。興化存奨禅師の法の後継者は、南院《なんいん》慧顒《えぎょう》禅師という方です。南院慧顒禅師のお弟子さんが、風穴延沼《ふうけつえんしょう》禅師です。この風穴延沼禅師によって臨済宗は再興されたということになっています。再興されたというよりは、ここから臨済宗が発展してきたということになります。

そしてそのことは、臨済義玄禅師と同時代に生きた仰山《ぎょうざん》禅師という方がありますが、その仰山禅師が予言したということになっています。臨済禅師と同じ時代、ほぼ同年齢ですが、臨済禅師を見て、この仰山禅師は「あなたはこれから北の方へ行かれて法を広めるでしょう」と。それについては、先ほどの普化宗、尺八の祖というのは普化禅師という方ですが、「普化という人がいて、あなたを補佐するでしょう」と。そのことも予言しました。そして、「後にあなたの法は大風に遭ってやみなん」という表現があります。台風ではありません、大きな風に遭って、あなたの法はぴたっと止まって、そこから発展するだろうと予言された。

この風穴禅師という方は、風の穴と書かれますね。どうして風の穴かというと、地方によって風穴という場所がありまして、風によって岩がくずれて穴があいている。そういうところに人が住まいしている地域があるんです。ですから、そこにある寺は、風穴寺です。壊れていたというか、荒れていた寺を復興されたのが、この風穴延沼禅師です。風穴寺を復興されたものですから、この人は風穴寺の延沼禅師ですが、風穴禅師といわれるようになったのです。

この風穴和尚がどういう方かというのを少しお話しせねばならんのですが、南院慧顒禅師のお弟子さんだということは申しました。南院禅師に初めて会ったときに、どんなエピソードがあったかということを簡単に話します。

南院禅師にお会いしたときに、風穴禅師はなにをされたかというと、普通は師になる人の前に出て拝をするものです。師匠との初めての出会いでの礼儀です。皆さんでも、どなたかをお訪ねしたときには、畳に手をついて「初めてお会いする者ですが、かくかくしかじかで、こういう用事でまいりました」というのが礼儀ですね。出家もやはり一緒でありまして、老師の前に出たならば、「どこそこの出身でだれの弟子で、なになにというものでございます」、そういう挨拶があってしかるべきです。その時に三拝をするわけですが、風穴延沼禅師は三拝もせずに、南院老師の目の前で黙って突っ立っていたんです。礼拝をしなかった。

それに対して師匠には戸惑いがあったのです。師弟の出会いというものには必ず礼儀があるはずだ。「なぜそれをしないのだ」と咎めるわけです。そうすると「法の前に、そんなものが必要ですか」というのです。仏法の前に上下があるかというわけです。法の前に東も西もあるか、アメリカ人も日本人もあるか。そのように答えたのですね。そして、「わが師であるならば、師であるところを見せよ」と言うのです。そうすると南院禅師は、左手でもって肘《ひじ》をこう突き出した。途端に風穴禅師が「喝」と放った。

師匠は師匠らしく見せよというふうに高飛車に出たのですね。師匠は「うん、そうか」というわけで、左手をこう構えていたのを、もう一遍、肘を突き出した。途端にまた「喝」と放ったのです。すると南院禅師は右手でもって肘を突き出したのです。途端にまた「喝」とやった。どうしてこうなるかというのは、説明してもどうにもなりません。そうすると、「左手はおまえさんの言う通りだ。だが右手はそうではないぞ」と、南院は言うんです。

こっちはおまえの言う通りだが、こっちはそういうわけにはいかん、と。そうすると今度も、風穴禅師が「喝」。これは「なにをばかなことをする」というようなことです。全くどちらが師匠でどちらが弟子だかわからないような出会いがある。いくつかの問答があって、まあまあ、抑えよ、抑えよということになった。しかし、翌日に至って、本当の意味で師匠からぐっと抑えられて、弟子になったということです。

けれども僅かな日々で大悟徹底。この南院和尚の下を去ってしまったのですが、このように非常に禅機潑溂というか、禅機満々の禅僧です。上も下も関係がないと、そういう方が風穴和尚です。

「語黙、離微に渉たる」

さて、風穴和尚という方はもともと儒学と言いまして、儒教の学問をして、そして進士試験、役人になるための試験がありますが、それを受験したのです。大変なエリートでないと受験できませんが、残念ながら試験には失敗した。普通は失敗したら翌年受けるものですが、この人はすぐ諦めた。諦めたというのは、ある人が維摩経というお経を示してくれて、その内容を読んだときに、役人になるよりも本当の意味でこの世を生きていくには仏法しかないという結論を得て、出家をしたわけです。出家して天台教学を学んだ。さらに儒学の素養もありますから、大変に文学的哲学的素養が高い。そういう方です。

ですから、わざわざ「語黙は離微に渉たる」というような哲学的な質問を、弟子の一人がしたということです。この弟子はわざわざ難しい内容の質問をしたわけです。「語黙」というのはどういうことか。語るということと、黙るということです。それが「離微に渉たる」。「離微」というのも、説明するのに時間がかかります。

これは、達磨さんよりも百年ほど前に鳩摩羅什という人が仏法を中国にもたらしています。翻訳をしてたくさんの経典を著されたのです。その鳩摩羅什のお弟子さんの中に四人のすばらしいお弟子さんがいたそうですが、その中の一人が肇《じょう》法師という方です。この肇法師はその当時の皇帝から非常に認められまして、「おまえさんを坊さんにしておくのは惜しい」と言われた。いまなら坊さんにしておくのは惜しいと言われるのはぴんとくる気がしますが、その当時は坊さんはエリート中のエリートです。つまりお坊さんの修行よりも役人の方が似合っているだろうという意味だった。ですから、朕の家来にならないかといわれたのと一緒です。まだ三十歳ぐらいのときです。

彼はそれを拒絶した。「王法よりも仏法が勝る」と言って、王法よりも仏法の方がずっと上なのだ。いかに皇帝の要請といえども承けることはできないと断ったのです。皇帝はすべての力をもっているので、腹を立てて「それなら、おまえを牢へ入れるぞ」、「かまいません」。何度か問答があって、皇帝はついに「お前を死刑にする」と言われた。恐ろしいことですね。昔はそういうことが許された。今では、もちろん通りません。「うちの社員にならんか」、「いやです」。社長が怒りだして「牢屋へ入れるぞ」、牢屋へ入れるだけではなくて、「殺すぞ」と。それが通る時代だった。そして、実際に殺されてしまった。三十一歳で処刑された。何のことはない、皇帝の家来を断っただけでですよ。

しかし刑が確定したときに、「一週間だけ時間をください」と、この人は申し出たのです。もちろん皇帝は許可しました。一週間でなにをしたかというと、本を書き出したのです。書き上げたのが、肇論という書物です。肇法師が書いたので、肇論です。この肇論の中に著されているのが、この離微の哲学です。離というのは簡単にいうと、平等無差別のことをいうのです。男も女もない、アメリカ人も日本人もスイス人もない、人はすべて平等である。もちろん天地自然も、すべて平等の世界である。そういう平等の世界、無差別の世界、これを離と表される。

それに対して微というのは、差別の世界です。離そのままでは動きませんから、やはり花もあり、木もあり、風もあり、雨もあるという差別の世界が出てこなければいけません。これを微という表現でもって表されている。この離と微とでもって、この世の中の道理がすべて表現できるという哲学を構築されたのです。これが結局、達磨さんより百年も前のこと。禅宗のはしりと言っていいかもしれません。

「語黙、離微に渉たる」、黙っていてもいけない、しゃべってもまずい。「如何が不犯を通ぜん」、いったいどうしたらいいのかというわけです。しゃべればどうなるかというと、本質から外れる。皆さんも、例えばあそこにしきびの木がありますね、本尊さんの左側にしきびが飾ってあります。このしきびというのは、しきみともいいます。これがどういうものかというのを説明するとします。

「美濃地方の山野に自生する植物で、常緑樹で、大きくなると五メートルぐらいになるが、非常につやのある葉っぱをもっていて、匂いをかぐと、なんともいえない良い匂いという人もいるし、悪い匂いという人もいる。花も咲いて、これは虫除けにもなります」と。このようなことをいろいろ表現しても、しきびそのものにはほど遠いでしょう。かりに映像に写したとしても本物ではありません。いまはインターネットがあるからと言っても、しきみは現実にその場に行って見て触ったり、臭いを嗅がない限り、わかりません。

だから語ったとしても、本質から外れる。黙っていれば、もっとひどい、なにもわからない。でも黙っていても、伝えられることがある。目は口ほどにものを言いといいますから。黙っていても、伝わるものは伝わる、その心というものは。だけど、それだけでは不完全です。「語黙は離微に渉たる」というのは、そういう意味です。語ってもだめだ、黙っていてもだめだ、いったいどうしたらいいのかということです。

無門禅師の「この門は無門である。いったい、どの門より入る」とよく似ておりますね。「無門」ということは、門がない、平等の世界です。いったい平等から、実体であるところの心地覚心という男はどこから入ってきたか。無門というのはなにもない、実体がないということですね。全く平等の世界です。平等の世界からすると、お前はどこから出てきたか。さあ、それに対してなんと答えたか。その平等の世界からぽんと出てきた、「無門より入る」と。なかなかこのようには言えない。

頓知問答で、一休さんが「この橋渡るべからず」と言われて、真ん中を渡って「端を渡ってはいけないというから、真ん中を渡りました」と言いますが、これは頓知なんです。でも法燈国師と無門禅師の出会いは頓知ではありません。平等の世界から出てきたという表現です。ここは平等の世界である。法のもとで男も女もない、日本人も中国人もない。「その平等の世界に、おまえはどうしてぽっと出てきたか」という問いなんです。それに対して「だから、その平等の世界から私は出現した」と言うのです。

これは大変に修行が進んでいるということを認めざるをえない。だからこそ「汝、来たること、はなはだ遅し」と言われたのです。もう少し早く、若いときにわしはおまえに会いたかったなと。いまのようなテレビもラジオも携帯電話もない時代です。全く異国の修行者がこの中国へ来たということは、どこからも情報がないわけですが、初めて出会って、そのように言われたということです。

「長えに憶う江南三月の裏」

いったい、黙ってもいかん、しゃべってもいかん、どうしたらいいかという質問に対して、風穴和尚はさっと答えた。「長《とこしな》えに憶う江南三月の裏」と。これは、とこしなえに憶うと表現するから格好がいいのですが、「長《なが》に憶う江南三月の裏」ではいかにも長々と憶ってだらしない感じがしますね。とこしなえに憶うというと、ずっと気分がよくなります。これは杜甫の詩の一節、有名な詩です。

江南の三月というのは、日本の三月とは違います。私も毎年のように杭州へ行っていますが、中国の人に言わせると、いつも季節の悪い時期に来ると。十二月とか二月とか、何もない枯れ果てた時期です。それでいつも言われます、「三月に来なさい」と。二月に行って、「三月は来月ではないですか」というと、「そうではない。旧暦の三月です」。このなにもない荒涼とした畑や田んぼが緑に覆われて、その上に菜の花や桃の花が本当に美しく爛漫と咲き出す。まことに江南の春という。中国の人は江南に住むことが一生の願いなのだそうです。十二億とか十三億とかいわれる中国の人たちの大半が、できれば江南で一生を過ごしたいと思っている、それほど美しいところだそうです。私はその美しさを一度も見たことはありません、残念ながら。

「江南三月の裏」というのは、もう桃源郷そのものです。パラダイスです。そして「鷓鴣《しゃこ》啼く処《ところ》百花香《かんば》し」と。鷓鴣というのは、海にいるしゃこ、あれとはちがう。鳥のことですが、どんな鳥かというと、鳴き声が非常にいいのだそうです。日本でいえば、鶯です。ひまわりというのはお日さまを追うようにしてぐるぐると動いていますね、鷓鴣という鳥も同じような別称があります。随陽鳥と言う。随陽というのは太陽に従う。太陽が上がってくると、春分を経て日照が増えてくると、現れて来る鳥。日本の鶯とよく似ております。

いまは自然が狂ってきておりますから、正眼寺などでは鶯は一年中と言ってよいほど鳴いております。六月とか七月になっても、お客さんが「まだ鶯が鳴いてますね」という。九月になってもまだ鳴いていいます。さすがに十二月には鳴きません。それから二月の下旬ぐらいまでは鳴かないですね。その三ヶ月ぐらいは鳴かないのですが、ほかは全部鳴きます。不思議ですね。昔はこんなことはありませんでした。おそらく温暖化のせいと、正眼寺の森というのが鶯には住みやすいのでしょうか。

毎月、鳴き声は変わります。四月の声、九月の声、みんなちがいます。この正眼寺に住んでいるものにしかわからない消息ですが、「長えに憶う、江南三月の裏、鷓鴣啼く処、百花香し」という風景が、皆さんの眼前に現れてもらえれば結構なことだと思います。

桃源郷に鶯の声、百花咲き乱れて繚乱、うっとりと本当にすばらしい鳴き声が聞こえてくる、なんとも言えない風情です。風穴和尚はそういうふうに答えられたということです。答えになっていないではないかと言われると困るのですが、そこが修行の修行たるゆえんでしょうか。さて、わからないところを突き詰めていく。

「語言三昧を離却して一句を将ち来たれ」

それに対して無門禅師はなんという評、どのようなコメントをつけられたか、「風穴、機掣電《きせいでん》の如く、路を得て便《すなわ》ち行く」と。風穴禅師の働き、機というのは働きということです。二、三日前、雷が鳴りましたね。あの働きのようなもので、全く目にもとまらない素早さである。「路を得て便ち行く」とは、だれもこの風穴禅師の後を追うことができない。それはそうですね。しゃべってもいかん、黙ってもいかんというので、どのように表現したらいいですかと問われて、「長えに憶う、江南三月の裏、鷓鴣啼く処百花香し」と。これを何度も称えるばかりです。もし他の表現を使っても、これは及ぶところではありません。

しかし、「争奈《いかん》せん」、残念ながら「前人の舌頭《ぜっとう》を坐して断ぜざることを」というのは、確かにいいことを言った。風穴和尚の働きは余人の及ぶところではない。確かにすばらしいが、どうして杜甫の詩なぞをもってくるのだというのです。なぜ自分の言葉で言わないのだというのです。「前人」とは、他人ということです。なぜ他人の言葉を使って言うのだというのです。皮肉を言っているのです。

ところが皮肉を言っているのですが、よくぞこの詩の言葉をもってきていただいたと言う意味でもあります。こういうのを「抑下《よくげ》の托上《たくじょう》」というのです。抑下というのはこきおろすけれども、本当は持ち上げている。禅宗の修行、私は雲水の前に代表として坐っているのですが、修行の世界では、先輩からあるいは師匠から、まずほめられることはありません。私も長いこと修行させていただきましたが、師匠からほめられたという覚えはありません。

だからこきおろして、「若《も》し者裏《しゃり》に向かって見得《けんとく》して親切ならば」と、改めて質問するわけです。もしここの心に向かって、はっきりした眼が開いているならば、「自《おのずか》ら出身の路あらん」。もう一つ自由自在の世界があるだろう。「自ら出身の路」というのは変身自在ということですが、それをここに示してくれと、無門禅師は改めて言われます。

それを難しい言葉で「語言三昧《ごごんざんまい》を離却《りきゃく》して、一句《いっく》を道《い》い将《も》ち来《きた》れ」と言うのです。一言いってみよというわけです。「語言三昧」というのはむずかしい。私はもともと話は苦手で、講演などで相当の苦労をしてきましたが、いまでも上手だとは思っておりません。こういう場になりますと、しゃべりたくなくてもしゃべらなければならないわけです。そういうのは語言三昧とはいいません。もう二時間くらいしゃべりますと、舌がもつれます。

ところが語言三昧という人がいるのですね。立て板に水、滔々と語って、聞いていてメモが追いつかない、そういう方がいらっしゃいますね。それを語言三昧というのです。表現の適わないことがないということです。けれど語言三昧というのは、本当は立て板に水ばかりというわけではないのです。黙するときには黙することができることが、本当の意味の語言三昧です。

ですから、禅門の言葉に有名な言葉があります。「維摩の一黙、雷の如し」。維摩居士という方はご存知だと思います。本当においでになったかどうかわかりませんが、あるときに、お釈迦さまの前で黙っていただけで、文殊大師が大変に賛嘆されたのです。「あなたの一黙は雷にも勝る」と。あなたの一黙は雷のような働きがあるとほめられたというのです。べらべらしゃべるのが語言三昧ではありません。まことに言うべきことは言い、黙るべきときは黙っているのが語言三昧です。

円朝と山岡鉄舟

明治時代に円朝という人がいました。落語家です。初代円朝、明治の初年から中期にかけて活躍した。落語家でしたが、山岡鉄舟の弟子でもありました。皆さんご存知だと思いますが、山岡鉄舟という方は、勝海舟、高橋泥舟と並んで「明治の三舟」と謳われた人です。

明治維新で江戸城が無血開城しますが、これは勝海舟のおかげということになっています。しかし実際は山岡鉄舟の働きなんです。勝海舟に誉れを譲られたわけです。もちろん勝海舟の功績は少なくないし、立派な方でありますけれども、本当は山岡鉄舟が西郷隆盛と一対一で対決して、説き伏せたのです。そのおかげで無血開城ができたのですが、その山岡鉄舟は、剣と禅と書、この三つの本当の名人でありました。

鉄舟は剣については無刀流の開祖です。癌で亡くなったのですが、何日も苦しんでおられて、いよいよ今日が最後だというときに、「どうも調子が悪いな」と弟子たちに言うのです。弟子が「師匠、どうされましたか」というと、「どうもこの頃、稽古をしていないから調子が悪い。ちょっと道着を着けさせてくれんか」と言う。それまで全然水も飲まない。水を飲めば吐いてしまいます。衰弱しきっていて、トイレへも這って行かれたということです。その鉄舟さんが急に「どうも体の調子が悪い」。当たり前ですね。

「この頃、稽古しとらんからじゃろう。ちょっと道着を着けさせてくれ」と、床からすっと起き上がり、それで道着を着けて「道場へいくぞ」と言って道場へ行かれた。そこで弟子たちに「さあ、掛かってこい」と。いつもはどういうふうに稽古されているかというと、鉄舟さんの稽古は自分が真ん中に立って、十人ぐらいが一遍に掛かっていく。そういう稽古だったのです。

無刀流の開祖だから、何人掛りでも関係がない。十人来たって、ぱっぱっとやる。木刀が当たらない。全部かわしてしまう。どこへ打ってくるかわかる。たまたまこのときは、いちおう木刀を持たれたのですね。いつもと同じように、ぱっぱっとやって、弟子たちは全くかなわない。門下の名人級の人たちも全く歯が立たない。「師匠は衰えてない」と、みんなが安心したのです。「いい汗をかいた」と言って汗をふいて、きれいな下着に替えられて、「ちょっとな」と言って坐禅をされた。それで扇をもって、「じゃ、さらばじゃ」と言って、そのまま亡くなった。

さすが山岡鉄舟です。在家のお弟子さんがたくさんあります。そのお弟子さんの中に、この落語家の円朝師匠がいたのです。鉄舟さんに初めて会った時です、「何か話をしてくれんか」と言われた。天下の山岡鉄舟の前で落語をするというので緊張した。でも「どういうお話がよろしいでしょうか」と言ったら、「そうじゃな、わしの母親は桃太郎が好きじゃったから、桃太郎をやってくれ」と言われた。おとぎ話の桃太郎では落語になりません。どうしようかと思ったが、もちろん話は知っていますから、ともかく一生懸命演じたのだそうです。

するど、鉄舟さんはそれを聞いて「あかんな、おまえ。桃太郎が死んでおる。修行が足らんな」と言われたのです。名人といわれた円朝さんですから、ちょっと腹が立ったけれども、天下の山岡鉄舟が言うことだから、思うところがあったんでしょうね。「どうしたらよろしいでしょうか」、「それはおまえ、坐禅すればいい」といわれた。「坐禅するしかないな」、「ああ、そうですか」。でもしたことがない。「そんなもの簡単だ。足を組んで坐っていればいいんだ」、「では、させていただきます」。「やるか、それなら」と、たったったと二階に上げられて、全部戸を閉められて、鍵をかけられて、部屋の真ん中にぽつんと放っておかれて、「じゃ、頑張れや」と言われた。水と食べ物だけは差し入れて、二階に放りあげられたわけです。

これは困りました。今日も仕事がある、高座があるのです。でも出してくれない。そこで何日も、たしか一週間ぐらい閉じ込められた。下では剣術の稽古をしているのが聞こえる。最初は足が痛くてたまらない。しかし、どうも襖の向こうから見張られているような気がする。何日かして、これは逃げることができないと、腹が据わってきた。坐るしかないと思い込んだのです。ある日の明け方、なにか感ずるものがあった。わかったという感じですね。それで鉄舟さんに「もう一度、話をさせてください」、「そうか、ではやってみよ」。桃太郎をまたやったのです。そうしたら、「今日の桃太郎は生きておったな」と、こう言われた。

そのときに鉄舟さんから、居士号といって修行者の名前をいただいた。何といただいたか。無舌居士です。舌がない。「おまえ、いままで、ぺらぺらと舌でしゃべっておった。ところが今日は、舌がなかったな」。そこで無舌居士といわれたのです。

これが語言三昧です。三昧というのは三毒をくらますという意味でありますが、集中してかかれということですね。しゃべることに集中できた、全く徹底している。それはできる。しかし、そこから超え出た世界、それが無舌です。そこではじめて本物である。

風穴和尚の「長えに憶う江南三月の裏、鷓鴣啼く処百花香し」、これはもう無舌の世界を言っているのです。他人の言葉を使いながら、全く自分の言葉にして、自分の言葉にしながら、言葉を吐くと同時に、江南の世界がぱっと現れてくる。鷓鴣が飛んでいる百花繚乱の世界が、皆さん見えませんか。これを「語言三昧を離却して、一句を道い将ち来れ」というのです。

さあ、それを言い換えて、頌に曰く、「風骨《ふうこつ》の句を露《あらわ》さず、未だ語らざるに先ず分付《ぶんぷ》す。歩を進めて口喃喃《くちなんなん》、知んぬ君が大いに措《お》くこと罔《な》きを」。

「風骨の句」というのは、風采骨格などと言いますが、非常に堂々として、悟りを言葉でもって的確に表している、骨格がある、確信がある。そういう「風骨の句を露さず」、そういう句を使わずに、つまり風穴和尚はそのような悟り臭い言葉を使わずに、「未だ語らざるに先ず分付す」。そんな言葉を使わずにちゃんと表している。そのことがわからずに「歩を進めて」、ぺちゃくちゃしゃべっているようではいかん、と言っているんです。「口喃喃」とありますね。南から口が来るという。これは、ぺちゃくちゃしゃべることなのですが、南から来るもので、ある時期にしゃべるものがあります。渡り鳥です。とくにつばめです。この頃あまり家庭にはいませんが、つばめが巣を作って雛がかえってくると、ぺちゃくちゃとやりませんか。あれを喃喃というのです。

つばめの子が喃喃と騒いでいる。今日、私はぺちゃくちゃしゃべっています。ぺちゃくちゃしゃべるのは足らないからだとよくいいますね。しゃべるのは、わからないからだとも言います。あまりしゃべり過ぎない方がいい。「歩を進めて口喃喃」、出かけて余計なことをしゃべっておれば、「知んぬ君が大いに措くこと罔きを」、この悟りの世界に到達することはないということを知るだろう。結局、君は何も知ることはできないだろう。そういう言葉に執らわれておっては、何もわからんぞという結論を下しているわけです。

以上で一応説明は終わったわけですが、以下は補足する意味で。肇《じょう》法師という人が先ほど三十一歳で刑死したという話をしました。そして肇論という書物を一週間で著しています。離と微という言葉を使って構築された哲学、仏教哲学の本です。その肇法師が亡くなったときに、辞世の詩頌を述べられた。どういう辞世の句を述べられたかというと、これも離微に渉たる世界を的確に表現しているように思います。ちょっと聞いていただきます。

四大《しだい》もと主なし　五蘊《ごうん》本来空
頭をもって白刃に当たれば　なお春風を切るが如し

刑死というのは首を刎られるのです。後ろから首を刎ねられた。「頭をもって白刃に当たれば」というのは、そういう意味です。斬られる直前にうたわれた偈です。ちょうど、この江南三月の春の頃だったんでしょうね。刀でもって首を切られた。それはどうかというと、ちょうど春風が通り抜けるようなものだと言うんです。なかなかこんなことが言えるものではない。助けてくれと言う人はいっぱいいると思いますが。「春風が首にすっと当たるかな」と言ったのです。

「四大もと主なし」、四大というのは、四大不調などと言いますね、身体のことです。「これは私の体だ」なんて思っているけれども、本当はそうではないんですよ。地水火風といいます。これは人間だけではない、生きとし生けるものはみんな、この地水火風によって成り立っています。それが四大です。今の科学では細胞で成り立っていると言うでしょうが、昔の発想では地水火風によって成り立つ。

地というのは地面から生まれるものでありますから、つまりこの皮膚とか骨とかですね。水とは血液とかリンパの液、火とは温度、熱のことです。風とは空気の動き、呼吸とか気とかいうものです。これでもって一個の個体を表現する。われわれの身体というものは四大で表わされる。だから、身体というものは、もともと主人がない。主なしです、借り物です。

「五蘊本来空」とは、「色即是空、空即是色」という般若心経を今朝読まれたと思いますが、意識を含めた存在のすべてを五蘊といいます。「五蘊皆空」というのが般若心経にありますが、五蘊というのは皆空です。だから仮りに、首筋に白刃が当たったとしても、春風が吹いたのと一緒だよ、と。これは、離微に渉たる世界を本当に超越した人ですね。

もう一つの例です。俳聖松尾芭蕉、その芭蕉が松島に行ったときに詠んだ有名な句です。

松島や　ああ松島や　松島や

これなら私もできそうな気がしますが、しかし、これがすばらしい。「松島や　ああ松島や　松島や」、これが語言三昧を離却している。芭蕉は言葉の宝庫みたいな人ですが、その人がどういう言葉をもってきても、なんとも表現できないから、名前を言うだけです。あなたの名前を呼ぶだけ。本当に好きになったら、それ以外に表現のしようがないのです。明恵上人だって、「あかあかや　あかあかあかや　あかあかや　あかあかや」という歌がありますね。そういうふうに、表現のできない世界をどう表現するか。

狐のお兄さんの物語

さて、これは数年前にアメリカの大菩薩禅堂で初めて話をした一つの物語です。この頃、ふと思い出して、時々話しておりますが、狐とひよことあひると兎との話です。「狐のお兄さん」という題をつけております。私は円朝師匠のように無舌居士ではありませんので、巧く話せませんが、一応聞いていただきます。

あるひよこが母鶏からはぐれてしまって、迷子になってうろうろしていた。いつの間にか歩き疲れて、お腹もすいてきた。すると一匹の狐がそれを見つけた。狐は思いました。今日の餌だと。ちょうどいいや、ちょっと小さいが、まあいいや、腹の足しにはなるわ。それですっすっと側に寄っていった。そして、いままさに襲いかからんとしたときに、ひよこがすっと振り向いた。振り向いたひよこがなにか言った。なんと言ったか。「あ、狐のお兄さん」と言ったのです。狐はすごい形相をして、いまにも食い破ろうと思っているのに、こっちを向いて「狐のお兄さん」と、言葉を掛けられた。狐はどきっとした。そりゃそうですね、いまにも食おうというときに、「狐のお兄さん」と言われて一瞬たじろいだ。そしたらひよこが言います。「お兄さん、ぼくお腹が空いているんですけど、食べ物ありませんか」。どうしてこんな言葉が出てくるのかは、童話の世界ですからご容赦願いたい。

するとき狐はたじろいだものですから、しばらく考えてしまった。「そうだ、そうだ、まだこんなに小さいひよこなんだから、うちにある残飯を与えれば、だんだん大きくなる。それから食えば、自分にとってもいいに決まってる」と思った。それで残飯を食べさせた。ひよこがお礼を言った、「ありがとう。親切な狐のお兄さん」。親切という言葉、それを聞いた狐は今度はうっとりしたのです。

そして翌日になった。ひよこはお腹もいっぱいですから、「ちょっとお兄さん、そこらに散歩にいってきます」と言って、出かけるわけです。餌に逃げられてはいけないので、後をつけます。すると向こうから、あひるの子がとことこ歩いてきた。ひよこはそれを見つけて、「あひるさん、どうしたのですか」。あひるが言うんです、「ひよこさん、ひよこさん、実はとてもお腹がすいているんだけど、なにか食べるものありませんか」。するとひよこが言います、「親切な狐のお兄さんを知ってるから、一緒に行こうよ」。

狐はものかげからじっと見ています。親切なと言われたものだから、「そうだそうだ、二つ餌ができた。あひるの子どもだから、あれも大きくして太らせてから食えば、いけるぞ」と。また、あひるとひよこに家で食べさせた。そうしたら今度はあひるが言うわけです。「ありがとう。親切でやさしい狐のお兄さん」。「やさしい」が付いたのです。狐は昨日以上にうっとりと、この言葉を聞きました。翌日、またあひるとひよこが散歩に出ます。それで後をつけます。そうするとまた、途中で兎の子どもが出てきます。

二羽が言います。「兎さん、どうしたの」。兎が答えます。「あひるさんにひよこさん、ぼく実はね、とってもお腹がすいているんだよ。なにか食べ物ない？」。そうすると、あひるとひよこが同時に言います、「大丈夫、大丈夫、僕たちね、親切でやさしい狐のお兄さん知ってるから、一緒においでよ」と。狐がものかげから見ておりまして、その時にはうれしい気持ちもあるけれど、「よし、餌が三つになった。うちで食べさせよう」と。

食べ終ると、今度は兎が言うんです、「ありがとう。やさしくて、親切で、神様のような狐のお兄さん」と。そしたら狐はわーっと、とろけるような気持ちになってしまった。やさしくて、親切で、神様のような狐のお兄さんと言われて、狐はもう何というか頬がはれるようなうれしさを感じた。その時に狐の心が変わったのです。

次の日、また子どもたちが外へ遊びにいきます。狐は後をつけます。後を追います。しかし、もう違う心持になったと書かれています。今までは逃げられては困ると思っていた、餌ですから。今日はちがう。この子たちに害があってはいかん、もし間違いがあってはいけない。だからそーっとものかげからこの子たちを守らなければいけないと思って付いていった。

そうすると、狼が出てきた。狐はいち早く見つけました。狼は獲物を見つけた瞬間に、迷うことはなく、だーっと三匹のところへ走っていきます。そして、狼がいまにも飛びかかろうとしたときに、狐はもうなにも考えずに、狼に体当たりをくらわせました。そして取っ組み合いになった。しかし、狼は狐よりずっと強い動物です。あっというまに組み伏せられて、致命傷を負わされます。もう息も絶えだえです。狼はそしてまた子どもたちの方へ向かいます。そのときに傷だらけの狐はぐっと起き上がって、最後の命を振りしぼって狼に飛び掛かっていった。狼はそれで逃げていったのです。

それで子どもたちは無事にすんだのですが、やさしくて親切で神様のような狐のお兄さんが大変な重傷を負って倒れてしまいました。その側に駆け寄って「お兄さん、お兄さん」と呼びます。でも、駆け寄ったときには、その狐は事切れていました。しかし、その狐の死顔というのですか、顔は非常に穏やかな、うれしそうな顔をしていた。「お兄さん、お兄さん」という声をかすかに聞いたんでしょうか、安心しきった、いい顔をして狐は事切れていたそうです。そこで話は終わっております。

この後で子どもたちは大変な悲しみをもったのですが、狐のお兄さんの墓を作ろうということになって、三人でもって力を合わせて狐を埋葬いたしました。埋葬してその墓の上に一つの記念碑、塔婆を立てました。そこにだれが書いたかわかりませんが、文字が書かれていました。なんと書かれていたか。「やさしくて、親切で、神様のような狐のお兄さんの墓」と書かれていました。この物語はこれで終わりです。

悟りの世界へ

非常に教えられる話ではありますね。数年前にアメリカで話したことがあります。アメリカの人がどういうふうに思ってくれたか、いまではなんとも計りようがないわけですが、いま思い出して今日ここに披露申し上げたのは、「語言三昧《ごごんざんまい》を離却《りきゃく》して」ということです。子どもたちの無心の言葉が狐の心を変えてしまった。狐といったって、みんな仏さまと同じ心をもっているのです。狼だってそうなのですが、でも、子どもたちを見つけた時に、餌にしようという、これは動物の本能といえばそれまでですが、その鬼のような修羅のような心がいつの間にか変わってきたということを、この経緯で見ていただきたいのです。

それはどこから来たか、無心な子どもの言葉、「やさしい、親切な、神様のような」という無心の言葉、これは何も飾っているんではないのです。初めて会ったときに、言葉でだましてやろうというようなことは全くないのです。振り返った途端に狐のお兄さんが見えたから、「狐のお兄さん」と言ったのです。この「狐のお兄さん」で狐はどきっとしてしまう。一瞬たじろいだのです。たじろいだときに反省が生まれるわけです。かすかな反省が生まれる。たじろいだから、反省が生まれる。さらに「親切な」と言われたときに、うっとりしてしまった。今度は同調ですね。「やさしい」もそうです。「神様のような」と言われたときに、感応道交といいますかね、神様になってしまった。神様という言葉を聞いて、神様にならなくてはならないのではなくて、「ぼくは神様なのだ、仏さまなのだ」と、その世界を知ったんです。悟りの世界です。なにも外から教えられたのではない。ぴたりと一つになった。だから行いがそのようになっただけなのです。

なにもこうしなければならん、ああしなければならんではないのです。この子たちを守る、自然にそういう状態だから、すっと躊躇せずに足が出ていく、言葉が出ていく。それが語言三昧を離却する世界です。これはなにも狐だけのことではありません。我々一人一人がそうではないかと、風穴和尚は言われるのです。

だからその世界を端的に、表現のしようのない表現すべきものを、「長《とこしな》えに憶う江南三月の裏、鷓鴣《しゃこ》啼く処《ところ》百花香《かんば》し」と唱われたのです。無門禅師は、これを「語言三昧を離却して、一句を道《い》い将《も》ち来れ」と言われて、さらに「風骨の句を露《あらわ》さず、未だ語らざるに先ず分付《ぶんぷ》す」と表現された。この語言三昧、日常に取り入れていただきたいと思います。

四句を離れ、百非を絶す——三座説法（第二十五則）

仰山和尚《ぎょうざんおしょう》、夢に弥勒《みろく》の所に往《ゆ》いて第三座《だいさんぞ》に安ぜらるるを見る。一尊者《いちそんじゃ》有り、白槌《びゃくつい》して云く、「今日第三座の説法に当たる」。山乃《すなわ》ち起って白槌して云く、「摩訶衍《まかえん》の法は四句《しく》を離れ、百非《ひゃっぴ》を絶《ぜっ》す。諦聴《たいちょう》、諦聴」と。

無門曰く、「且《しばら》く道《い》え、是れ説法するか説法せざるか。口を開けば即ち失《しっ》し、口を閉《と》ずれば又た喪《そう》す。開かず閉じざるも、十万八千」。

頌に曰く
白日青天《はくじつせいてん》、夢中に夢を説く。
捏怪捏怪《ねっかいねっかい》、一衆《いっしゅ》を誑謼《おうこ》す。

仰山和尚の夢

今日のテキストは無門関二十五則です。三座説法《さんぞせっぽう》と申します。

仰山《ぎょうざん》和尚という方が、夢であるところへ行かれた。その時の話です。どちらかと言えば珍しい景色ですね、夢物語ですから。ただその夢物語そのものを皆さんに理解していただくのではなく、その夢物語の奥にあるもの、それをなんとか感じていただければありがたいわけです。

仰山和尚という方はいつ頃の方かといいますと、九世紀、西暦で申しますと、八〇七年から八八三年、七十七歳で亡くなられておりますが、九世紀を通して活躍された禅僧であります。特に仰山和尚のお師匠さんは潙山《いざん》禅師という方でありますが、潙山禅師と仰山禅師で潙仰宗という一派をたてられたという、そのような高名な祖師であり、老師さまの一人です。

禅宗は五家七宗というのですが、達磨さんの法が五つに分かれた、そして後に七つに分かれます。その一つが潙仰宗です。臨済宗もその一つ。皆さんよくご存知の曹洞宗もその一つです。あと法眼宗と雲門宗とがあります。それで五家です。臨済宗から後に、黄竜派と楊岐派と二つが分かれます。これで合計、七宗ということになります。

仰山禅師は、その人格才能があまりにもすばらしいものですから、後に小釈迦と尊ばれた方です。これも一つのおとぎ話のようなことになりますが、インドからあるお坊さんが来られた。そのわけは、中国という地に文殊大師が出現された、文殊菩薩が生まれたというお告げがあった。それでわざわざインドから来られて、仰山禅師がその方だというので会われた。会われた途端に、「文殊大師がこの世に現れたと思ったら、さにあらず、お釈迦さまだった」と言葉を改められたというほどの方です。

さて、仰山和尚が夢を見られた。どういう夢かと言いますと、内容は非常に簡単です。弥勒のところに往って「第三座《だいさんざ》に安ぜらるるを見る」と。弥勒菩薩というのはご存知だと思いますが、お釈迦さまがこの世に現れた後、ずっと後の世に仏陀になられる方が弥勒菩薩だと言われております。しかし、いつこの世に現れるかというと、五十六億七千万年後と言われています。いまどこにおいでになるかというと、兜率天というところです。この「夢に弥勒の所に往《ゆ》いて」というのは、兜率天《とそつてん》に行かれたということですね。弥勒菩薩はそこでご修行中です。もちろんお釈迦さまもこの兜率天でご修行されて、二千五百年ほど前にこの世に現れたのです。

夢で兜率天に行かれた。すると弥勒菩薩は真ん中に座っておいでなのですが、たくさんの菩薩方がこの兜率天には座っている。弥勒菩薩の説法を今か今かと待ってみえる。そうすると一つだけ席が空いているわけです。その席が上から三番目だった。だから第三座というのです。ちなみに一番目は、第一座でもいいんですが、はじめのところに座っていますから、首座といいます。この正眼寺専門道場でも修行僧は何人もいるんですが、その中で一番古参のものは、本来は首座と言います。いまは首座とは呼んでおりませんが、一番古手の雲水のことを首座といいます。臨済系では首座というよりも、知客さんとか副司さんとかいうような役職で呼んでおります。第三座のところが空いていた。そこに招じられて座ったわけです。

そうすると、その中の一人の尊いお坊さんがありまして、「白槌《びゃくつい》して云く」と。白槌というのは、簡単に言えば木の槌です。白槌師という言葉がありますが、その槌で合図をする役目のお坊さんです。どういうことかと言うと、先ほど提唱が始まる前に大鐘が鳴りました。次に本来ならばカンカンと木板《もくはん》が鳴るんですが、今日は省いております。その後で太鼓が鳴りました。法鼓《ほっく》と申します。その法鼓が鳴っている最中に皆さんはここに安座されて、私が出てきたわけです。

これはなにも特別にこのように演出しているわけではなく、いつでもこのようにしているのです。つまり鳴らしものによって我々は動くようになっているわけです。いま何時何分だから本堂に来てお勤めをしろとか、あるいは何時何分になったから掃除をせよなんてことは言いません。全部鳴らしもので決まっております。拍子木がカチカチと鳴ったり、大鐘が鳴ったり、小さな鐘がカーンと鳴ったり、あるいは雲版《うんぱん》が鳴ったり、その一つ一つの鳴らしものによって我々の動きは規制されております。

この白槌も一緒でありまして、ちょっとした大きな木で、きれいな形に台を作りまして、その台の上に小さな槌が乗っています。槌というのも我々なかなか見ることはありませんが、簡単に言えば金槌の先っちょですね。槌を木で造って持ちやすいようにしてある。それでもって、カラカラカラカチーン、カラカラカラカチーン、逆回しでカラカラカラカラカチーンというような形で合図をする。この音によって白槌師が合図をした場合には、さあ、これから指定された者が説法を始めるぞという意味なんです。「白槌して云く、今日第三座の説法に当たる」というのはそういう意味です。

「さあ、ここで話をしてほしい」ということです。すると第三座、第三番目の席を与えられたものですから、仰山和尚は合図をうけて、おもむろに立ち上がって、「摩訶衍《まかえん》の法は四句《しく》を離れ、百非《ひゃっぴ》を絶す。諦聴《たいちょう》、諦聴」と、これだけ言われたのです。そして、そのまま席に戻ってしまわれた。戻った途端に、今まで百千の菩薩が席に座っておられたのですが、全員が立ち上がって、さっといっぺんに解散してしまったという話であります。その後は抜けておりますが、大して重要でないから抜けているのです。

仰山和尚の出家

さあ、「摩訶衍の法は四句を離れ、百非を絶す」という言葉です。難しい言葉ですね。あまり聞いたことがないと思います。

まず仰山和尚のことをもう一度、どんな方か簡単に説明させていただきます。先ほど西暦八〇七年にこの世に生まれられたと申しました。出生地は、今でいうと広東省の懐化県というところ、葉がその姓です。十五歳で出家を志したのです。しかし、両親はそれを許さなかった。許さないどころか、結婚せよと言ったのです。非常な天才児だった。小さい時から一を聞いて十を知るどころではない、日本でいうなら弘法大師か聖徳太子のような方だったのです。ですから両親は大変に将来を期待して、この中国という国を動かす大役人になってもらいたいと思ったのでしょうか、いいところの娘さんを紹介してもらって結婚させようとしたのです。十五歳の春です。それを頑として受け付けなかったのです。「いや、いたしません。私は出家をしたいのです」と。

両親はもちろん許しません。それでその時はうやむやになったのです。そして十七歳になった。二年間、時あれば必ず出家したいと両親にもちかけたのですが、許してくれません。いよいよ十七歳になったときに、彼はどうしたかというと、自分の指を二本切ってしまった。左手の小指と薬指だそうです。どこから切ったのかはわかりません、第一関節からか全部切ったのかわかりませんが、これは出家の志を示したものです。我々日本人の場合、出家の志を示すにはどうしたらいいかというと、頭を剃るだけでいい。中国の人たちはどうするかというと、剃ったうえに頭に灸をすえます。そうすると二度と髪の毛が生えてこないといいます。もっと厳しい出家の志を示す方法は指を切ることです、二本。出家といいますか、出塵といいますか、指を切るわけです。

すごいことをするなと私は思うんですが、じつは現代の中国でもそういうことをする人があるそうです。そういう人があるということを、正眼短大に留学している中国僧から聞きました。仰山和尚と重なって、なんとも言えない感動を覚えました。中国の仏法はこれから興隆していくのだなということを改めて思ったのですが、実際に指を二本切って、仰山和尚のようにその人は山に籠って、何年も人と接触せずに一人で修行されているそうです。

その当時はまだ仰山という名前ではなかったと思いますが、指を二本切って、どうしても出家させていただきたいと申し出たのです。これでは両親も許さざるをえませんので、遂に許されて出家をしたんです。それから南華寺という寺、これは六祖慧能禅師の寺ですが、ここに行かれて得度して、戒を受けて南華寺の通和尚の下で修行され、さらに最後に先ほど申しました潙山霊祐禅師の下で修行を修められたのです。十五年間、潙山和尚につかれて、その後継者になった。そして潙山和尚と仰山和尚とは全く親子のような関係であったそうです。潙山和尚は父親で仰山和尚が子供のような、そういう雰囲気であったそうです。つまり丁々発止と申しましょうか、なにか質問したらそれに対して、すっと答える。その答えぶり、質問の仕方が仲のいい親子が話をしているような感じがする。ですから、この潙仰宗を後の人は父子禅と表現しています。そのような方が仰山禅師です。

「摩訶衍の法」とは

さて、先ほどの問題、「摩訶衍の法は四句を離れ、百非を絶す」。この内容だけ簡単に申し上げます。「摩訶衍の法」というのは、「摩訶」は大きいという意味です。大きいというのは大小の意味の大きさではなく、偉大なという意味です。「マハーヤーナ」、日本に来ている仏教は大乗仏教です。その大乗という意味でもあります。つまり「偉大な仏法」という意味です。偉大な仏法は、「四句を離れ、百非を絶す」。

これは説明するとややこしくなりますけれども、一応の説明は必要だと思いますので、簡単に申し上げます。「四句」というのは、我々が普段使っている言葉ですね。その言葉をまとめて四句と表現します。普通に使っている言葉、あるとかないとか、これらを四句というんです。ここに一つのものがあります。一に対する言葉は、二か三か四ですね。これを一と多といいます。一に対するものは多です。これをまたべつに異というんです、一と異。それと、有るということと、無いということ、有無ですね。世の中、それでできているというのです。この四句でもってすべて説明できるかというとそうでもない。否定の言葉があります。一ではない、多ではないというような否定の仕方ができるわけです。一に対して一ではない、多に対して多ではないという。そんなふうにして、否定の否定というやり方をしますと、また四倍になるんです。四掛ける四で十六の否定があるんですが、それを過去・現在・未来に分けますと、さらに三倍になって四十八の否定の世界がある。四十八の否定の世界でも、それが既に起きたことと起きてないことがあって、二倍の九十六になる。九十六プラス最初の四句を足して百になる。これで百非、という七面倒臭い理論があるのです。

これは仏教の教理をやかましく言う小乗仏教というものの理論ですが、そこを絶しているという。だから仏法というものは言葉を絶しているのだ、言葉で表現できないのだということです。文言で表現できない。それを「諦聴、諦聴」、聴いてくださいということです。仏法というのは言葉では説明できませんよ、よく聴きなさい、よく聴きなさいということです。なにを言っているかというと、なにも言っていないのです。

これはお釈迦さまも同じようにされたことがあります。お釈迦さまがあるとき、一つの華を拈じられて、なんの説法もされなかった。霊山というところで何の言葉も発せずに、ただ一華を示された。その時に大衆といいますか、たくさんのお弟子さんたちは意味がわからずに茫然としていた。ただ一人、迦葉尊者だけがにっこりと笑われたということです。これを「拈華《ねんげ》微笑《みしょう》」といいますが、華を拈じたら一人のお弟子さんがにっこりと微笑まれた。そこでお釈迦さまはこうおっしゃったというのです。私は四十九年間、仏法を説いてきた。縦に横に仏法を説いてきたが、これは「正法眼蔵《しょうぼうげんぞう》　涅槃妙心《ねはんみょうしん》　実相無相の法門」である。実相であり無相である。それゆえに教外別伝で不立文字だ。説いて説けるものではない。文字に表すこともできない。それを「摩訶迦葉よ、おまえはたしかに会得したな」と、証明されたという話があります。これを拈華微笑の話といいますが、それとよく似ております。

仏法というのは言葉で説けるものではない。さあ、それを聞けというのです。こういう内容が今日の二十五則です。それにいったい何の意味があるのだというように皆さん思われたかもしれません、芝居じみていて。夢の中で仰山和尚という大変な聖人が、兜率天というお釈迦さまが昔修行されたところ、現在は弥勒菩薩が修行されているところで、そしてたくさんの菩薩たちのなかで第三番目の席を与えられて、「今日は第三座、あなたの説法の番ですよ」と言われたものだから、立ちあがって話をした。その内容は、仏法というものは話して話せるものではない。さあ、これを聞きなさい、聞きなさいと言って終わったのです。仏法は説いて説けるものではありませんよ、というように説いたのです。

借金取りの話

真実は説いて説けるものではない。この一言だけ覚えておけばいいのです。さて先師、谷耕月老師が提唱のとき、笑い話として話されたことがあります。借金取りの話です。いまは借金取りなどと悠長な言葉を使わない。取り立て屋とか、いかにも恐ろしい人たちが多いようですが、昔はそういう悠長な言葉を使っていたのです。ある借金取りが、その家に貸金があるものですから、いつも訪ねてくる。訪ねると、主人ではなく普通は奥さんが対応する。奥さんは「主人は留守です」と言う。だいたいお父さんが借金を返すことになっている。奥さんは一応財布の紐を締めているけれども、そういう大変な問題のときには旦那さんが出てくることになっている。

断り口上はいつも決まっている。「主人は留守です。いつも申しわけありません、もう少し待ってください」と。借金取りは毎月くるわけです。「今日はなんとしても利子だけでももらっていかなくては」。そうするとまた奥さんが言う。「主人は留守で、家計が火の車のものですから、本当に毎日のように働きに出ておりまして、今日も留守です。どうぞ、少し待ってください」。昔の借金取りでも一ヶ月や二ヶ月ならいいけれど、半年や一年も経つとだんだん催促も厳しくなってくる。

そして年末になった。絶対に取るぞという覚悟で行きます。家の方としては一銭もないのですから出しようがない。それで今日あたり来るかなというときに、たまたま子どもと奥さんが一緒に居ました。旦那さんも年末だから居た。すると奥さんは「あっ、借金取りがきた」と、旦那さんを押し入れに隠した。そして子どもと二人で応対するわけです。

今日こそ返してもらわなくてはと、借金取りが勇んで家に入って来ます。すると奥さんが「申しわけありません。うちの主人はまた留守でして」という。そうすると、いつも留守だというので借金取りは怒る。「留守だ留守だと言うが、いったい旦那さんはどこにいるんだね」と怒ったのです。そうしたら子どもがぽろっと口を滑らせた。「留守というのはね、押し入れに隠れることを言うんだよ」と言ったので一切がばれてしまったという話を、先師が時々されました。

この「四句《しく》を離れ、百非《ひゃっぴ》を絶す」ということは、言わずもがなという言葉もありますが、この留守の話のように曰く言い難しということでもあります。そのことは言いたくても言えない。これを「四句を離れ、百非を絶す」と、こう表現しているのです。本当のところは、言葉でもって我々はなかなか表現できないのではないかと思います。そして言葉を超えたところに真理があるような体験を、誰でも、一度や二度、されたことがあるのではないかと思います。

傷ついた烏との交流

私も修行の中でいろいろな体験をさせられ、また、してもきたわけですが、これも笑い話の一つです。入門して五、六年経ったころだと思うのですが、自分であることをいたしました。したのですが、やはり修行の世界というのはおもしろいものです、そういうことはすぐ忘れてしまう。でも、見ていた者は覚えているのです。やった当人は覚えていないことが多いと言いますが、そういうことの一つです。

どういうことかと申しますと、この道場で評席という上位の役目になり、副司寮《ふうすりょう》という役でした。そのときに、たまたま裏山の方に用事があった。山の中で用事をすませて帰ってくる途中で、変った音が右手の奥の方で聞こえたものですから、そちらへ目を向けて見た。そうすると木の低い枝に一羽の烏《からす》が止まっていた。その烏の様子がおかしい。怪我をしているようです。羽根がきちっと閉まらない。じっと見ると、烏の方もこちらを見ている。しばらくお互いに見合っていたのですが、私が烏に声をかけました。

「おい、おまえ、怪我をしているな」と言ったら、烏は「うん、うん」とうなずく。さらに「そのままだったら死ぬぞ」と言ったら、烏は「うん」と答えた。そこでもう一言、「わしの部屋にきたら怪我を治してやる。いま用事がすんで戻るところだが、おまえさん、わしの部屋へ来てくれたら、治してやるぞ」と言った。すると烏はなんと言ったかというと、「考えておく」と。それで別れました。

部屋に戻りました。戻って直ちに自分の下の役目の者に、「もうじき烏が来るから、来たら知らせてくれ」と言うと、彼はぽかーんとした顔をして私を見ました。遂にこの人、狂ったなと、そういう雰囲気でした。もちろんそのへんはよく覚えてはいないのですが。「どういうことですか」、「烏がもうじき来るから、来たら知らせてくれればいいんだ」と言うと、「うむ」というような顔をしていましたが、それから五分ぐらいだったか、彼がどたばたと音を立てて走ってきました。そして私のところへ来て、「烏が来ました、烏が来ました」。「やっぱり来たかね」、「どうしましょう」。

烏は初めてのところだからうろうろしているという。「いや、大丈夫だよ。すぐ捕まえてくれないか」。「そんな捕まるわけないでしょう」と言うから「いや、捕まりにきたのだから、捕まるよ」。その者はばたばたと下におりまして、烏を捕まえてきました。「捕まりました」と言うから、「そうだろう」と部屋へ入れ、烏を見てみました。そうすると、やはり左の羽根だったと思いますが、木に当てたのか、鉄砲で撃たれたのか、大きな傷がありました。そこで傷のところに薬を塗ってやりました。こういう生きものの傷や病気は人間の薬で十分きくと思ったのです。烏は少し痛がったのですが、やらせてくれました。そして治療が終わった後に、先の彼に「下の店に行って、牛乳とチーズを買ってきてくれ」と言ってポケットマネーを渡しました。買ってきてくれた牛乳とチーズをあげると、喜んで食べていました。

烏に言いました。「休んでいけ」と。烏は「うん、うん」と。「ありがとう、ありがとう」ということです。そこで夜になった。そのときでも寺の行事が進んでいますから、烏の相手ばかりをしておれません。いまは野菜庫というのはなくなってしまったのですが、古い野菜庫の二階に烏を連れていきまして、「おまえ、ここで休んでいろ」と言いました。普通だったら猫や犬に烏は負けるわけはないのですが、傷を負っていますので、猫や犬にいたずらされるかもしれないので、二階へ上げておいたのです。それで一日たち二日たちました。知っているのは私と先ほどの彼だけで、内緒にしておけよと言っておきました。

三日ほど経ったときに、先師耕月老師から用事を申し付かり、遠方へ出かけなければならなくなりました。山梨の寺の用だったのですが、その頃には烏も傷がだんだん治ってきていました。どうやら完治しそうな雰囲気だったものですから、烏に言いました。「山に帰りたかったら、飛んでいっていいから」と。なにも紐なんかつけていませんん。ですから、好きなように飛んでいったらいいと言ったのです。

さて、二日たって帰ってきました。すぐに彼に「どうした」と聞くと、「飛んでいきました」という。「そうかね」と言って空を見上げたら、烏の声が「カー」と一声響いてきたのです。それで話は終わりです。

施無畏

以来、全く自分はそのことを忘れていました。しかし、ある方から「昔こんなことをされたでしょう」と言われて、今の話を思い出したんです。ああ、そういえばそんなことがあったなと。その方とは、正眼短大の非常勤の先生として講義をお願いしていた伊藤真愚先生です。先生はもう亡くなられましたが、初めてお会いした時に、先生のほうからその話をされた。「どうしてそんなことをご存知ですか」と訊くと、私の下についていた彼がいろいろな巡り合わせで伊藤先生と縁があった。どこかでその話をしたらしいのです。風変わりな雲水がいたという話をしたのでしょう。それで伊藤先生は、私のことを以前からご存知だったのです。動物と話をする雲水がいるということらしいですね。

それで話は前後しますが、あるご縁があって、伊藤先生から「ぜひ自分のところへ訪ねてほしい」と言われまして、初めて伊藤先生のお宅へお訪ねしたことがあります。そのときはまだ和歌山の寺の住職でしたから、車で長野県まで走りまして、いよいよ着いた途端に伊藤先生から言われました。

「じつは今日あなたがみえるということで心を踊らせて待っていたのですが、朝の行事が終わって自分の部屋へ戻ったときに、目の前に鳥が飛んできた」と言われる。じっとガラス戸越しにその鳥を見ていると、鳥もこっちを見ている。どうしようかなと少しでも窓を動かすと鳥は飛んでいってしまう。また本を読んでいると、その鳥が飛んでくる。その顔を見ていると、向こうも見ているのだが、少しでも先生が動くと、さっと飛んでいく。そういうことが何度かあったのだが、あの鳥に、どうしたらよかったのでしょうかね、と。

会った途端に、そう言われた。中に入れようとして戸を開けようとすると逃げていく。「いったい私はどうしたらよかったんでしょうね」という質問です。変わった質問です。そこで私は答えた。「そんなのは簡単ですよ」、「えっ、どうして簡単ですか」。「向こうは入りたがっているのですから、窓を開けたら入りますよ」、「開けようとすると逃げるんですよ」。「だから開けっぱなしにしておけばいいんですよ。そしたら、一度逃げるけれども、また入ってきますよ」と言ったのです。すると、「なるほどな」と言われて、そこで先の鳥の話を始めたのです。「じつはあなたのことは昔から知っていた。そして、鳥の話をある雲水さんから聞いていたのですが、いまの話を聞いてうそでないことがはっきりわかった」と言われました。

結局「摩訶衍の法は四句を離れ、百非を絶す」。鳥に私は声をかけた。「おまえ、怪我しているな」と言ったら、鳥が「うん、うん」と返事をしたと申しましたが、そんなことは言いません。鳥はじっと見ているだけです。「傷を治してほしいんだったら、私の部屋へ来い」と言うと、鳥が来てくれたんですね。来るだろうという自信もありました。

鳥は言葉は発しませんでしたし、私もそんなにたくさんはしゃべっていない。「部屋に来いよ」と言っただけです。「おまえ、怪我をしているな」ということは心の中で叫んだのです。烏の方が以心伝心といいましょうか、わかってくれた。これはある意味で言うと、法だと思うのです。法というのは四句を離れ、百非を絶す、言葉を絶しているのだということは一応は知っておりました。でもなにも言わずに烏だけをじっと見ておったのでは、通じない。だから絶すという、ここのところが大事なのです。言葉を話しているけれども、普通の言葉ではない、言葉を超えた言葉を絶すと表現するのです。言葉に本当に愛情があるかどうかです。心があるかどうかです。これを絶すと表現するわけです。言葉を使えなければ絶すとは言いません。

まあ、余分なことを申しましたが、「摩訶衍の法は四句を離れ、百非を絶す。さあこれを聴きなさい」。大事なことは言葉にはならないのだということです。これではしゃべっているのか、しゃべっていないのか、どちらともいいようがありません。

「白日青天、夢中に夢を説く」

ですから無門禅師は、評、コメントでこのように言っておられます。

「且《しばら》く道《い》え、是れ説法するか説法せざるか。口を開けば即ち失し、口を閉ずれば又た喪《そう》す。開かず閉じざるも、十万八千」。説くのが説法なのか、説かないのが本当の説法なのか。口を閉じるのがよいのか、開くのがよいのか。まあ口を開いても閉じても、十万八千というのは距離のことです。口を開いても閉じても、真理からは十万八千の距離があるぞ、と言うのです。口を開いても閉じてもだめだと言うのです。この摩訶衍の法を知らないものは、口を開いても閉じてもだめだぞというのですね。

「頌に曰く」というのは、詩に表されたものです。詩というのは七言絶句とか五言絶句とかいろいろあるのですけれども、これは四言の詩です。「白日青天《はくじつせいてん》、夢中に夢を説く。捏怪捏怪《ねっかいねっかい》、一《いっ》衆《しゅ》を誑謼《おうこ》す」と。「白日青天、夢中に夢を説く」とは、真っ昼間、すかっと抜けた青空のなかで、夢の中で夢を説く。全くとぼけたことを言っている。ばかなことを言っているなということです。夢の中で夢を説く。夢の中で夢を見るということを、皆さん体験されたことがありますか。本当にばかげた話だと、無門禅師は辛辣です。「捏怪捏怪」というのは、怪しいぞ、怪しいぞということです。「一衆を誑謼す」とは、我々をたぶらかしている、騙しているな、ということです。罵倒しながら実は褒めているわけですが、これはあまりいい詩でないような気がします。

漢詩の一つの仕組みというか、すばらしい漢詩というものはこういう内容構成になっているということで、こんな例がよく使われます。頼山陽という人が漢詩を教えるときに、こういう詩を作ったらいいのだよと弟子に教えました。

京の三条の糸屋の娘、妹十八姉二十。

諸国大名は弓矢で殺す、糸屋の娘は目で殺す。

こういう内容になっていればいいと言うのです。これを「起・承・転・結」といいます。起句というのは、始まりということです。「京の三条の糸屋の娘」、それを承けて承句で、糸屋の娘さんは妹は十八、姉は二十、みめ麗しい乙女です。そこで転句、転というのは転換ということです。その延長で糸屋の娘はこうだよ、ああだよでは、転句にならない。だらだら話が続くだけで、そんな詩ではしまりがない。だから転句のところで、がらっと変わらなければならない。それがどういうふうに変わったかというと、「諸国大名は弓矢で殺す」。急に恐ろしいことで驚いてしまいます。で、結句はどうなるか。結句でまとめなければならない。「糸屋の娘は目で殺す」。がらっと急に色気が出た話になる。諸国大名は弓矢で人を殺すけれども、糸屋の娘は目で殺す。こういう詩がいいというのです。

ですから「白日青天、夢中に夢を説く」は、佳句と思いますが、「捏怪捏怪、一衆を誑諕す」は、今一つぴんとこない気もします。仏法というものは、摩訶衍の法というものは、白日青天に明らかである。抜けるような青空で、ありありと仏法というものは目の前に現れている。耳で聞き、目で見、厳然として法がここにある。しかし、それを夢中に夢を説くようなことをすると、怪しいぞ、怪しいぞ、我々をごまかしてしまうぞ。そういうような生き方を我々はしていないか、そのような言葉の使い方をしていないかどうか、点検してみよというのです。

私も今日いろいろと話してきましたが、夢中に夢を説くようなことで、皆さんまだ朝のぼんやりした頭で私の話に騙されて、内容の理解が今一つできず、結局なにがなんだかわからなくなってしまったという人が大半かもしれません。しかし雲水は、こういう文章を読んで内容が理解できない、それだけで済まされないのです。

今日の二十五則を一つの公案として課せられたことで、雲水一人一人はどうするかというと、これを先ずわが人生の問題としなければならない。目の前の自分の父や母や肉親がいま命がなくなるというようなことは、誰でも一生のうちに一度や二度は体験するものです。彼らがそういうことに直面したときにどうするかです。いま死んでいく父や母や肉親が苦しいとか痛いとか言っている最中に、仏法とはこんなものであるとか、人間は死んだら全部おしまいだよだとか、そんなことを言ってもはじまらないわけです。こういうときにいったいなにを説くかです。なにが言えるかです。そのように雲水はわが問題として、この二十五則を転換できたなら、そこから修行がはじまるのです。

皆さんは今日の内容を理解できればそれで結構なんですが、雲水はそれでは済まない。わが問題としてこれを把握できたとき、転換できたとき初めて生きてくるのです。言葉に表しても表すことができない。しかし表さずにはおれない。そういう切羽詰まったときにどうするかという問題なのです。雲水だけではない、皆さんにあっても、そういうことがありませんか。そのような想像力を働かせて、自分がそうなったときにいったいどう対応していくか。そういう問題でもあるのです。

「いい加減」の世界――仏法の体得

この世の中の言語やあるいは表現法でもって表し尽くせないものが仏法であると申しましたが、そのことで考えさせられることがいくつもあります。昨日ご講演の村上義紀先生は、じつは一年ほど前に脳出血をされて、現在リハビリの最中なのです。ですから「言語障害がちょっとあったりして、お聞き苦しいところがあるかもしれません」と、最初に言われました。二人で話しているときにはそういうこともありませんでしたので、「大丈夫ですよ。本当によくおなりですね」というようなことを言っていたのですが、先生とお話していて、「なるほどなあ」ということが、いくつもありました。

何かと申しますと、脳出血をされたものですから、いくつか障害が身体にのこるわけです。左半身が不自由になられたそうです。リハビリで現在は相当なところまで回復されておりますが。そして「病気をすることによって、初めて私もわかったのですが」と言われました。そのうちの一つが、普段歩いていて段差の高いところは、階段でも上がることができる。ところが本当に一ミリぐらいの高さのところで転ぶのだそうです。なぜかというと、階段などは意識する。足を上げないといけないなと思うと、足は上がってくるのだそうです。ところが一ミリぐらいのところは、目で見ても段差があるかどうかわからない。意識がないものですから、無造作に足を出して、引っかかって転ぶことがありますと。

よく我々の世界でも言いますが、大きな障害は超えられるが、小さな障害はつまずくと。油断大敵です。ほんの一ミリぐらいのところで、つまずいてしまう。ですから歩くときには、いつでも足を一歩一歩上げるという意識をしないと、だめだそうです。新聞を読んでいて、意識をしていないと、左手の方がご不自由なものですから、新聞がぽろりと落ちるのだそうです。だから新聞を持っているという意識をしないと、持てないそうです。そうすると、どういうことが起きるかというと、持っているという意識をずっと保っていないといけないから、読んでいてもあまり理解できないそうです。読むことに集中できない。「こういう不自由がありますよ」と言われまして、なるほどなと思いました。

意識しなければ、持つことも歩くことも不自由です。しかし意識すればすることができる。これが救いです。我々はいろいろのことを学んでいく。学んできて今日があるわけです。身体も動いていますし、しゃべれます。これが最初、赤ん坊のときには意識して、歩くことも話すこともやっとできるようになったのです。毎日が訓練です。意識すれば不自由な身体もだんだん動くようになってくる。私も胃の大病をして、先生のように大きな感慨というのではないのですが、なんとなくわかる気がします。病を得て初めてわかる病人の辛さです。「もし同床に臥《ふ》せずんば、いかでか、被底《ひてい》の穿《うが》たるることを知らん」という禅語があります。破れ布団の中で一緒に寝たことのない人には、その布団のどこに穴があいているかなどということはわかりません。それと同じで病を得てみないと、病を得た人の気持ちはなかなかわからないものです。

私は胃の手術をしたものですから、その後入院している間に病院の中を散歩する。そしていつも行くコースは決まっていたのですが、病院のレストランのところを必ず通ることにして、自分で自分に言いきかせました。不摂生をしたからこうなったのだぞと。中で皆さんがおいしそうにご飯を食べている。私はそれをじっと見ているのです。それで自分に戒める。もちろん冗談ですが、食べられるということは、健康なときにはなんとも思わないが、一度病気になって胃でも手術をすれば、今までのようには食べることができなくなる。そうすると、食べるということ、あるいは水やお茶が飲めるということが本当にありがたいことだなと思いました。

日常で食前食後のお経で読んでいるのですね。この食べ物はたくさんの人の手を経てきている。感謝していただきますと。ところが今回は本当にそのありがたみというものがわかりました。少々不自由な身体になって健康な身体のありがたさがわかったのですが、先生はそれを「いい加減」という表現をしておられました。「いい加減」のありがたさですね。

我々が本や新聞を読む時に、手で持ちますね。それで読めるというのは、「いい加減」に持てるから読める。もし「いい加減」でなかったら、読んでも頭には入らないのです。「いい加減」に持つことができるから、そちらへあまり意識がいかないですむ。人間のもっている能力が一〇〇パーセントあるとすれば、その中の一パーセントか二パーセントで、本は持つことができる。

後の能力を全部使って本の内容を理解しようとすることができるわけです。その「いい加減」が、身体を壊してしまうとできなくなる。

健康なときには食べたいだけ食べたり飲んだりしても、どこかでさっとやめ、制御できるのです。無意識にできます。一度胃でも手術をすると、そういうことができなくなってしまう。自分の目と腹あたりの感覚でもって、意識的になんとかしない限りは非常に苦痛が出てきます。「いい加減」のありがたさです。

そのためには訓練をしなければならないのです。語って語って語り尽くして、学んで学んで学び尽くして、やってやってやり尽くさなければ、「いい加減」のところがマスターできないのです。その「いい加減」の世界が、「四句を離れ、百非《ひゃっぴ》を絶す」ということです。この法はからっと白日青天の下で、どなたでも体得できる法です。どなたにも備わっている法です。それを知っていただくために、このような講座もあるわけです。

不説の法とか、「四句を離れ、百非を絶す」、そういう摩訶衍の法というのは、言葉ではうまく表現できないが、それを「いい加減」の世界と言い換えることができる。そして要は「いい加減」のところを我々は知ることもできるし、それを行ずることもできるということです。そういうものが我々に備わっている。

ただそのことは、繰り返しますが、病を得て、歩行困難になった人が、もう一度歩き出そうと思ったら、意識しながら一歩一歩歩かないといけないのです。そして意識をして意識をしているうちに、いつの間にか「いい加減」のありさまというのですか、「いい加減」のところを、身体が覚えてしまうのです。これが法であります。身体だけではありません、全身全霊で「いい加減」の世界を獲得することが、仏法を体得するということです。この講座でそれを少しでも感じていただければ幸いに存じます。

久しく龍潭と響く——久響龍潭（第二十八則）

龍潭《りゅうたん》、因みに徳山請益《しんえき》して夜に抵《いた》る。潭云く、「夜深《ふ》けぬ、子《なんじ》、何ぞ下り去らざる」。山遂《つい》に珍《ちん》重《ちょう》して簾《すだれ》を掲《かか》げて出ず。外面《がいめん》の黒きを見て、却回《きゃうい》して云く、「外面黒し」。潭乃《すなわ》ち紙燭《ししょく》を点《てん》じて度与《どよ》す。山接《せっ》せんと擬《ぎ》す。潭便《すなわ》ち吹滅《すいめつ》す。山此《ここ》に於《お》いて忽然《こつねん》として省《せい》あり。便ち作礼《さらい》す。潭云く、「子箇《なんじこ》の甚麼《なん》の道理をか見る」。山云く、「某甲《それがし》今日より去って天下の老和尚の舌頭《ぜっとう》を疑わず」。

明日《みょうにち》に至って、龍潭陞堂《しんどう》して云く、「可《こ》の中箇《こ》の漢あり、牙剣樹《きばけんじゅ》の如く、口血盆《けつぼん》に似たり、一棒に打てども頭を回《めぐら》さず、他時異日、孤峰頂上《こほうちょうじょう》に向かって吾が道《どう》を立すること在らん」。山遂《つい》に疏抄《そしょう》を取って法堂《はっとう》前に於いて、一炬火《こか》を将《も》って提起《ていき》して曰く、「諸《もろもろ》の玄弁《げんべん》を窮《きわ》むるも、一毫《いちごう》を太虚《たいきょ》に致《お》くが若《ごと》く、世の枢機《すうき》を竭《つく》すも、一滴を巨壑《こがく》に投ずるに似たり」。疏抄《そしょう》を将《も》って便ち焼く。是《ここ》に於いて礼辞《らいじ》す。

無門曰く、「徳山未だ関を出でざる時、心憤憤《ふんぷん》口悱悱《ひひ》、得得《とくとく》として南方に来って、教外別伝《きょうげべつでん》の旨《むね》を滅却《めっきゃく》せんと要す。澧州《れいじゅう》の路上に到るに及んで、婆子《ばす》に問うて点心《てんじん》を買わんとす。婆云く、『大徳の車子《しゃす》の内は是れ甚麼《なん》の文字ぞ』。山云く、『金剛経の抄疏《しょうそ》』。婆云く、『只《た》だ経中に道《い》うが如きんば、過去心不可得《かこしんふかとく》、現在心不可得、未来心不可得と。大徳、那箇《なこ》の心をか点《てん》ぜんと要す』。徳山者《こ》の一問を被って、直《じき》に得たり口匾担《へんたん》に似たることを。是《かく》の如くなりと雖然《いえど》も、未だ肯《あえ》て婆子の句下《くか》に向って死却《しきゃく》せず、遂に婆子に問う、『近処に甚麼《なん》の宗師《しゅうし》か有《あ》る』。婆云く、『五里の外に龍潭和尚あり』。龍潭に到るに及んで敗闕《はいけつ》を納《い》れ尽《つく》す。謂つべし是れ前言後語《ぜんげんごご》に応《おう》ぜずと。龍潭大いに児《じ》を憐《あわれ》んで醜《みにく》きことを覚えざるに似たり。他に些子《しゃし》の火種《かしゅ》あるを見て、郎忙《ろうぼう》として悪水《おすい》を将《も》って驀頭《まくとう》に一澆《いちぎょう》に澆殺《ぎょうさつ》す。冷地《れいち》に看来《み》らば、一場の好笑《こうしょう》ならん」。

頌に曰く

名を聞かんよりは面を見んに如《し》かず、面を見んよりは名を聞かんに如かず。
鼻孔《びくう》を救得《きゅうとく》すと雖然《いえど》も、争奈《いかん》せん眼睛《がんぜい》を瞎却《かっきゃく》することを。

今日は無門関第二十八則です。今回は文章が長いものですから、ざっと意味を解き示すだけで、だいぶ時間が掛かりそうです。早速、本文に移りたいと思います。

「久響龍潭」、これは「久しく龍潭《りゅうたん》と響く」、そう読んでいいと思います。龍潭というのは人の名前です。どういう人かということはこれから申しますが、詳しいことはよく分かっておりません。禅というのは、現代日本では曹洞宗と臨済宗、この二宗が残っているだけです。江戸時代に黄檗宗が伝わりましたが、大きくはこの二宗です。世界の中でも、この二宗が残っておりますが、しかし、元々は誰からかといいますと、達磨大師と言われます。言われますというのは、達磨さんの歴史的証明がまだできていないからですが、その達磨さんから第六番目の祖師が慧能禅師です。

この六祖慧能禅師から禅宗といわれるようになり、後に幾つかの派に分かれました。たくさんお弟子さんがいるのですが、青原行思《せいげんぎょうし》と南嶽懐譲《なんがくえじょう》という方が高弟中の高弟、この二人の傑出したお弟子さんによって、後に五家七宗と呼ばれる、禅宗の幾つかの派が生まれます。青原行思禅師の系統が曹洞系、南嶽懐譲禅師の系統が臨済系です。龍潭禅師という方は、青原行思禅師の系統でして、後に徳山宣鑑《とくさんせんかん》禅師という方を生み出して、この龍潭の法は大いに栄えるわけです。その龍潭禅師が徳山禅師の悟りを開く手助けをしたというのが、今日のエピソードです。

龍潭和尚と徳山和尚の問答

「龍潭、因みに徳山請益《しんえき》して夜に抵《いた》る」。いきなりこういう文章から始まります。龍潭和尚が徳山和尚に会ったわけです。これを相見《しょうけん》と申します。そのときに徳山和尚は、これから申しますが、あることから龍潭和尚のことを知って、おそらく夕方にかけて龍潭和尚のおいでになる山寺に到着した。

そして、直ちに禅問答を吹っ掛けた。自分自身の心の迷いというものをもろにぶつけたのです。そして、何か所得、つまり利益を得たい、こういうことを請益《しんえき》と申します。益を請う。徳山は龍潭和尚に単なるあいさつに来たわけではない。それは、初めて師匠になる人に会うときには、それ相応の作法というのがあって、最初の日はただあいさつをするだけです。そして禅堂にしばらく坐っておれということになって、様子を見た上で弟子として適当かどうかということを確認して、師匠と弟子との間で禅問答という参禅が始まるのが普通です。しかし、徳山は直ちに一大事のところから入ってしまったものですから、それを請益と表現したわけです。

さあ、いよいよ徳山和尚と龍潭和尚のやりとりが始まった。徳山禅師の今までの勉強、それこそ修行のすべてを語り尽くすんですが、どうにもかないません。ついに龍潭和尚もしびれを切らして、「もうそろそろ夜ではないか。いいかげんにして山を下りて、今晩は休みなさい」ということを言ったのが、「潭云く、夜深けぬ、子《なんじ》、何ぞ下り去らざる」です。

そこで、分かりましたと。「山遂《つい》に珍重《ちんちょう》して」、珍重という言葉は、珍しいものをいただいたりしたときに「珍重」なんて言いますが、これは本来はあいさつの意味です。別れのあいさつをすることを「珍重」といいます。ですから、「はい、分かりました。では、おいとまいたします」。

そして「簾《すだれ》を掲《かか》げて出ず」。中国の寺というのは、障子とか扉がありません。行ってごらんになると分かりますが、まず扉がない。そして、何が掛かっているかというと、厚手のカーテンのようなものが掛かっておりまして、それを手で開けて外に出たり入ったりするわけです。ですから、これを「簾」と言います。簾を開けて外に出ようとした。

部屋の中は明かりが灯っております。夜になっても、ほのかに周りは見えるわけですが、その簾を開けた途端に外は真っ暗です。これはいかんというので、「却回《きゃうい》して」というのは振り返って、「外面黒し」と。外はまっ暗でございます、闇夜ですと、こう言ったところ、「潭乃《すなわ》ち紙燭《ししょく》を点じて度与《どよ》す」。紙燭というのは、ろうそくのようなもので簡便な明かりです。紙に油を少し塗ってそれに火を付けると、ボッと燃えるわけです。それを渡してくれたのです。

紙燭を出してくれた。それを頂こうとして、「山接《せっ》せんと擬《ぎ》す」。途端に「潭便《すなわ》ち吹滅《すいめつ》す」。ふっと、消してしまったんです。明かりを受け取ろうとしたところを、吹き消された。一瞬にしてさっと闇になってしまう。闇になった途端に、「山此《ここ》に於《お》いて忽然《こつねん》として省《せい》あり」。「省あり」というのは、小悟ですが、つまり「はっ」と悟ったのです。大きく悟った場合には、大悟ということになりますが。今まで自分が力を尽くし、意を尽くし、学問のすべてを尽くし、語り尽くして龍潭和尚と対決した。しかし、自分の非をようやくここで、それこそ悟った。非が分っただけではなくて、悟りの入り口に入ってしまったわけです。

「心不可得」

どうしてこういうことが起きたかということを、これから話します。この時代は晩唐の八世紀、九世紀のころです。龍潭禅師という方は、いつ生まれていつ亡くなられたかはっきりしておりません。しかし、龍潭禅師はおそらくこのときに六、七十歳だと思います。徳山禅師は二、三十代だったと思います。禅というのは達磨さんから起こったと言いましたが、後に六祖慧能禅師によって大きく禅が変わってきます。そして、南の方に禅宗というのは栄えていきます。北の方は天台だとか律宗といって、戒律を重んじる仏教が広まっていくわけです。

徳山禅師という方は小さいときから神童でありまして、四川省の成都の近くの剣南というところの生まれです。四川省といいますと、三国志の蜀の国です。都に出て勉強を始めるわけですが、次々と仏教の経典を読破していく。そして、戒律を修め、さらに経典の研究に入った。つまり、学僧です。そして特に金剛経の研究では右に出る者がいないということで、「周金剛」というあだ名が付きました。「周」というのは、徳山禅師の名字ですが、そんなあだ名が付くほどに金剛経の先生として名をはせるわけです。

そのころに、南の方で禅宗が盛んになった。そして、その禅宗というのは「一超直入如来《いっちょうじきにゅうにょらい》地《ち》」といって、一気に悟りの世界に入っていくことができる、学問は必要ない、大げさにいえば、そういう宗旨です。ところがそうすると、自分が今まで学んできたことは、金剛経の「諄々と修行して悟りに近づく」という教えです。それを禅宗は一気に悟りを開くというのですから、まさに邪宗ではないか。この徳山禅師は非常に正義感が強い人で、むらむらと腹が立ち、「南方にそのような邪宗があるのか。それなら自分が行って論破してやろう」、こういう思いをもったのです。

徳山は、決断したら早い。すぐ、すた、すた、すたと南の方に。途中、澧州《れいじゅう》というところに至って、一休みしようと思った。そこで一つの茶店に立ち寄りました。「おい、すまんが、お茶を一杯もらえんか。できれば点心ももらいたいな」。点心というのは、本来は軽い食事のことです。茶店には一人のおばあさんがいた。「はい、はい、ご用意いたしましょう」。そこで、徳山和尚、背中に背負っていた笈《おい》を置いた。

するとおばあさんがそれを見て、「お坊さま、それはいったい何でございますか」、「この中には貴重な本が入っておるんじゃ」。「そうですか。学問の本とか経典などが入っているんですか」、「その通りじゃ。特に金剛経のいろいろな研究書が入っておるんだ。金剛経の疏抄《しょうそ》というもの、それが入っておるな」。「ならばちょっと、私めに提案がございますが」、「なんじゃな」、「もし、私の質問にお坊さまが答えていただけるならば、今日の点心は供養させていただきます。もし答えてくださらなければ、点心はお断りします」と、こう言ったのです。

面白いことを言うばあさんだなと思ったが、「いや、よろしいぞ。何でもおまえさん、好きなことを質問しなさい」。すると、このおばあさん、「金剛経というお経の中には『過去心不可得、現在心不可得、未来心不可得』という言葉がございますが、いまあなたは『点心』といって、心を点ずるといわれたが、過去の心を持ち出すことはできない。現在の心はその心を形あるものとして表すことはできない。未来の心は未定のままである。さあ、あなたはいったい、どの心をもって点ずるというんですか。過去の心ですか、現在の心ですか、未来の心ですか」と質問をしたんです。これは、えらいことを聞かれたものです。

徳山さん、これには「うーん」となってしまった。これは困ったことになった。しかし、何か心に期するものがあったのか、丁寧に「ばあさん、この近くに立派な禅匠がおいでではないかな」と尋ねた。すると「五里先に龍潭和尚という方がございますよ。もしあなたがお会いになりたいのなら、今すぐに発ちなさい」と、こういうふうに言ってくれた。そこで、直ちに龍潭のところに行ったのです。

そして、龍潭和尚のところで挨拶もそこそこに、「久しく、龍潭、龍潭と聞いてまいったが、来てみれば、どこにも龍もいなければ潭もないではないか」、こう怒鳴ったというのです。なかなか、やんちゃな坊さんという感じです。潭というのは龍が住むような深い淵のことです。「さて、龍潭というけれど、龍潭和尚と世間に響き渡っておるけれども、どこに龍がいてどこに潭があるのかな」。こううそぶいたわけです。

すると龍潭和尚、「おまえさん、親しく龍潭に会っておるのに分からんのかな」と答えた。「親しく」というところが良いですね。初めて会ったのにですよ。でも残念ながら、そこで徳山禅師は、「はっ」と悟ることはできなかった。

「まあ、入れ」ということで、中に入って、ついに龍潭和尚の説示を受けることになった。ここから、今日の本文が始まります。「かくかくしかじか、金剛経にはこのように書いてござるが、和尚はどのように判断される」。暖簾に腕押しではないが、どれだけ力んで問いつめても、さっさとかわされ、見事に答えられてしまう。徳山禅師もあらゆる知識を総動員して打ち掛かるのですが、どうにもなりません。いつの間にか夜も更けたので、龍潭和尚が「もう夜になったではないか。ここに泊めるわけにはいかんのだから、山を下りなさい」と言ったわけです。

仏教の一番神髄のところです、ですから、金剛という。その金剛経を理解したならば、仏教そのものを理解したのと一緒なのに、どうしても歯が立たない。落胆して帰ろうとしたが、「外が暗くて帰れません」。初めてきた道ですから、足元が暗かったらとても帰りの山を下りられません、と泣き言を言った。「それなら、これを持っていけ」、龍潭和尚が紙燭を渡してくれた。「ありがとうございます」と受け取った途端に、「ふっ」とかき消されたのです。その途端に徳山は悟りを開いたわけです。ここまでが本文の出だしですね。

逸外老師の見性体験

梶浦逸外老師という方は、私の師匠の師匠になります。その逸外老師が悟りを開かれた際の逸話があります。老師はよく提唱や講演などでそのことを話されました。

老師は本当にご苦労されたそうです。同夏《どうげ》といって、一緒に道場に入門した雲水がいます。こういう仲間同志で競争する。切磋琢磨といいますが、じつは競争です。あいつに負けてなるものか。入門したての雲水を新到ともいいますが、この新到は、最初の公案を与えられて、それに対して血の涙の苦労をする。だが、遂に時節因縁が熟して、その初透関をずばっとぶち抜く。これを見性という。本当の自分の心に目覚めるということです。

雲水はだいたい、そこに向かって仲間と競争するのが常です。三人がその年、道場に入門したそうです。京都の大徳寺僧堂です。この三人が互いに張り合って、相手がまだあそこに坐禅しているなと分かれば、自分がどれだけくたびれていても、「なにくそ」と坐ったわけです。逆に、「おっ、帰った、禅堂に戻ったな。よし、それなら、あと十分坐ってそれから帰るぞ」と。作務《さむ》や掃除のときでも、「おお、あいつはごみを一つ落とした。それなら自分は、もっと丁寧にやってやる」というような、いい意味での競争があった。切磋琢磨です。

しかし、同夏の二人がぽーんと、十ヶ月ほどで見性してしまった。老師から許されてしまったのです。それは他の者にもだいたい分かるものなのです。どうして分かるか。一つには本人が変わる。もう一つには、他からの接し方が変わる。この二つで分かります。がらっと変わるのです。何かこう、あか抜けしたようになる。「あっ、あいつ、やったな」と分った。友達二人に見性で先を越されてしまった。まさに逸外さん、切歯扼腕《せっしやくわん》、歯ぎしりして悔しがった。

逸外老師、そのころは宗実禅士ですが、負けず嫌いです。子供時代は将棋とか碁とか勝負事が好きだったんだそうです。ところが負けると、「もう一回やってくれ」となる。しまいに相手が嫌になって、「もういいかげんにしてくれ」。それでも「もう一回だけでいいから」と。どうしても勝てないと、今度は盤を足で蹴飛ばして悔しがるというぐらいの、負けず嫌いな人だった。

だから、雲水として、一番大事な見性のことで同夏の者に負けるなど、自分が許せないわけです。その日から、おれは絶対彼らを追い抜いてやると、夜も寝ないで坐った。見性するまでは、死んでも止めないという覚悟で坐禅をされたそうです。けれども彼らはさっさと帰ってしまう。友二人は夜坐を早々に切り上げて帰るが、自分は帰れない。禅堂に戻って寝ることができない。夜半、睡魔に打ち克って深夜まで坐る。しかし、やっぱりそれでもトイレには行きたくなりますよね。特に冬の寒気の中では、しばしばそうなる。これではじっくり坐るなど無理。それでどうしたかというと、「もういい」と褌まで全部下を脱いで、坐禅する布団も外して直接石の上に坐る。それで、もよおしたらどうするかというと、垂れ流しで頑張られたと言われた。

そうして、ぐんぐん坐る。「それで、一月も二月も頑張ったぞ、わしは」と続けて、老師は聴衆に訊かれる。「それで悟ったと思うかね」。みなさんが黙っていると、老師は「悟れるわけがないわ」と言われ、「見事に倒れたわい」と。

脳貧血と風邪でしょうか、遂に病気になって病僧寮に入れられてしまった。下が冷えてしまったら、やはり大変なことになる。普通は健康のためには頭寒足熱《ずかんそくねつ》ですが、その逆をやったわけですから、ついに卒倒してしまった。周りに人がいたものですから、助けてくれて、もうその日からずっと病気です。一月以上、病僧だったそうです。

それで、これではならんと、体を癒やして、さらに体調を整えて、次の接心のときに、それこそ真剣に坐られたのです。真剣に坐られたのですが、まただめだった。そのときにこう思われたそうです。それならばわしはもう……と、風呂焚きです。こういうときになると、陰徳を積みたくなる。積みたくなるという言い方は失礼ですが、陰徳を積んで徳を高めていかなければ悟りは得られないだろうということで、風呂焚きを専門にされた。

でも風呂焚きをしながら、ここからが大事なのです、風呂焚きをしながら何をされたかというと、いつでも頭にあるのはこの公案のことです。見性のことだけを思って必死にやっている。これを工夫三昧といいます。ですから、まきをくべるのはいいのですが、燃えているのが分からずに、ぼんぼん入れていた。すると、かまどの口がまきでいっぱいになってしまった。いつの間にか、くすぶって、黒い煙がもわーっと出てきた。

これはいかんというので、無意識にまきを一本、二本と抜いたんだそうです。何本か抜いた途端、その真っ黒な煙の中から火がボッとついたのです。その火がボッとついた途端に、「はっ」と悟った、気付いたのです。「やった」と師匠のところに飛び込んで見解《けんげ》を提したところ、「おまえ、よし」と許されたそうです。これが逸外老師の見性の体験です。

徳山の三十棒

灯りが消されて悟った者と、火が点いて悟った者と全く逆ですが、理屈は一緒。かくして、この周金剛、後の徳山禅師は見性した。それでも、禅宗の世界はなかなか厳しいというか、簡単には許さないものです。龍潭禅師は、徳山に向かって「おまえさん、分かったというが、いったい何が分かったのか」と、厳しく問います。

すると、この徳山、「今日より去って天下の老和尚の舌頭《ぜっとう》を疑わず」。つまり、禅宗なんぞ邪宗だ。よし打ち敗かさんという勢いで、この南方の地に来たわけです。しかし、その宗旨、「直指《じきし》人心見性《にんしんけんしょう》成仏《じょうぶつ》」を、今後私は少しも疑いませんと。

誰でも直ちに仏に成る。一気に悟りの世界にいく。本当の自分の世界をぐっとつかむ。仏の心こそ、本来の自分なのだと。つまり我々の心は、仏だという意味です。お釈迦さまの心と一緒。それが我々一人一人の本当の世界。それを全く疑いませんと、こう言ったのです。

もうそこでお互いに認め合って、許されて徳山は山を下って一泊し、翌日また寺に上ります。

「明日《みょうにち》に至って、龍潭陞堂《しんどう》して云く」。寺の本尊様をお祀りしてあるところを「須弥壇《しゅみだん》」といいますが、そこに登ることを「陞堂」といいます。あるいは「上堂《じょうどう》」といいます。堂の上に上がるということです。そして何をするかというと、須弥壇上で大衆《だいしゅ》に向かって法を説く。住職というのは、本来そういう者のことです。各宗派の本山がありますね、妙心寺、建仁寺、東福寺など、それらはみんな「陞堂」、「上堂」ができるようになっております。その上堂の場所や建物のことを「法堂《はっとう》」といいます。

その法堂で上堂して、龍潭和尚が言った。「可《こ》の中箇《こ》の漢あり」。この中に恐ろしい者が一人おるぞ。「牙剣樹《きばけんじゅ》の如く」。牙というのは、歯のこと。それが剣の樹のようだ。「口血盆《けつぼん》に似たり」。口を開くと、たくさんの生き物を喰らったのか、血だらけだ。それこそ地獄の鬼のような、そんな恐ろしい者が一人おるぞというんです。その者は、「一棒に打てども頭を回《めぐ》らさず」。叩かれても、「頭を回さず」とは、全然意に介さない。

そして「他時異日、孤峰頂上に向かって吾が道《どう》を立すること在らん」。「他時異日」は、将来という意味。ここで「吾」というのは、私ではなくて「彼の」という意味です。この男の仏教というものが、必ずや世に立つであろう。「孤峰頂上」というのは、富士山のてっぺんから世間を睥《へい》睨《げい》するようなこと、将来それほど恐ろしい働きをする和尚が、ここに一人おるぞということです。

後に「言い得るも三十棒、言い得ざるも三十棒」といって、徳山禅師の家風を表わしますが、どんな雲水が来ても、三十棒で打って打ちのめす。徳山老師のところに、ある修行僧が来た。そして彼はだいたいこういうふうに質問をします。「仏法の一番大事なところは、どこでございましょうか」。この言葉が終わるか終わらんうちに、バン、バン、バンと、三十棒ですから三十回。「和尚さま、金剛経の一番大事なところはどこでございますか」。間髪を入れず、バン、バン、バン。何を言っても、バン、バン、バン。たまらんですな。言い得るも三十棒、言い得ざるも三十棒。何を聞いても棒で打たれる。これでは普通、誰も寄ってきません。だが、ここがすごい。その打たれることがありがたいと、修行者が押しかける。まさに「法のためには喪身失命を辞さず」です。

正眼僧堂でもこのような話が残っています。修行僧が老師のところに参禅に行った。「何を下らんことを言ってるか」と老師は叱責して、竹篦《しっぺい》でもってバン、バン、バンと打たれた。すると、その竹篦が二つに砕け折れた。砕けた途端に老師が大声を出して、「知客《しか》さん」と、雲水の長を呼びました。知客さんが「何事でございますか」と言ったら、老師は「割木《わりき》を持ってこい」と言われた。割木というのは、かまどにくべるまきです。丸太を割っただけの荒々しい棒、それを持ってこいと言うのです。「はい」、「よし」と、それでもってこの修行僧をたたいたと。

私はそんなことはしませんが、いくら何でもそんなものでたたかれたら、大けがをします。数代前の老師の頃の会下《えか》で、その方がまだ健在のときにこの話を聞きましたが、背骨を傷つけたそうです。その傷が今でも時々疼くけれども、もちろん恨みなどはなく、できればもう一度、あの竹篦を味わいたいものだと、しみじみと言われました。ですから、徳山老師が「言い得るも三十棒、言い得ざるも三十棒」で、バンバンたたくと言うが、これは暴力ではありません。きちんと法の接得《せっとく》として、このようなことが行われているわけです。

「功徳海中一滴を譲るべからず」

龍潭禅師がそのように認めると、「山遂《つい》に疏抄《そしょう》を取って法堂《はっとう》前に於いて、一炬火《こか》を将《も》って提起《ていき》して曰く」。「疏抄」というのは、金剛経やその注釈書などの書物のことをいいます。さきほども言いましたが、背負って運ぶための笈《おい》という箱があります。この箱の中に昔の修行僧は必需品の一切を入れていたのです。三蔵法師が笈を背負って歩んでいる有名な絵画がありますね。ちなみに「笈摺《おいずる》」といいますと、こういう寺で何年かごとに授戒会《じゅかいえ》をしますが、そのときに皆さんに着ていただく白い着物のことを笈摺といいます。

その笈の中に入っていた金剛経やそれに注釈を施したもの、そういう大事な書物を全部取りだして、龍潭和尚が上堂された法堂の前にそれを並べて、そして「一炬火」というのはたいまつのことですが、燃えさかるたいまつを掲げて、そしてこう言われたのです。

「諸《もろもろ》の玄弁を窮《きわ》むるも、一毫《いちごう》を太虚《たいきょ》に致《お》くが若《ごと》し」。いかに深い哲理を究めても、そんなものは何ほどでもないと。ニュートンという有名な物理学者がいますね。皆さんご存知だと思います、ニュートンの万有引力の法則。ニュートンという方は、後に「あなたほど素晴らしい学者はありません。人類始まって以来の大天才です」と皆から褒めそやされたところ、「いやいや、私が見つけた真理というものは、子どもが砂浜でもって遊んでおって、小さな一つの貝殻を見つけて喜んでいるのと同じようなものですよ」と言われたそうです。まことにその通りです、「一毫《いちごう》を太《たい》虚《きょ》に致《お》くが若《ごと》し」と。

さらに続けて「世の枢機《すうき》を竭《つく》すも、一滴を巨壑《こがく》に投ずるに似たり」。要するに世の中の道理を究めるとか、あるいは今はＩＴの社会だからといって、そのＩＴの最高の知能を身に付けたとしても、そんなことは、大きな谷の中に一滴の水をぽつんと落としたということにすぎない、と。

でも、この逆を言った方がいますね。我々が何か大きなものを得たとか、あるいは創造したとかいっても、そんなものはこの大空間の中にほんの小さなちりをぽつんと落とした程度の、そんな価値しかないのだと、確かにそれはその通りですが、道元禅師はこういうことを言っています。「善根山上一塵《ぜんこんさんじょういちじん》も亦《また》積むべきか、功徳海中《くどくかいちゅう》一滴を譲るべからず」と。「善根山上」というのは、よいことをたくさんしていきますと、善根の山ができあがる。世の中の善根というものをすべて集めたら、世界には六十億という人がいますから、六十億人分の大山ができるわけです。もうこんな善根の山には、さらにいいことの一つぐらい積まなくとも、どうってことないじゃないか。そういいたくなりますが、いや、そうではない。私はその善根山上に、わずかなよき行いではあるけれど、今日もまた積んでいく。一生かけて、少しずつでも、よい行いを積んでいくと。「功徳海」というのは、功徳の大海、太平洋のようなもの。太平洋という大海の中に、わずか一滴スポイトで水を落としても大したことはないけれど、けれども私は、よい行いを一つまた一つと、功徳の大海に滴らせていくと、そう言ってられます。

さあ、そこで、徳山禅師は「疏抄《そしょう》を将《も》って便《すなわ》ち焼く。是《ここ》に於て礼辞《らいじ》す」。その大切な書物に火を点けると、それを燃やしてしまった。そして師匠である龍潭和尚に礼をして、さっさと山を下りてしまった。そしてもう二度と会わなかったというのです。

長いことかかって道場で修行して、それで法を得たというのも、それは尊いことですが、できれば、さっと来て、さっと悟って、さっと去っていった方が、きれいでいい。徳山禅師は、これはもう大天才そのものです。一日で、大悟徹底したわけです。ですから、後の皇帝からこういう諡り名を与えられました、「見性大師」と。これだけ目覚ましい見性をした人はいないということです。

「死却」——死にきる

それに対して、無門禅師がこのような評、コメントをされました。

「無門曰く、徳山未だ関を出でざる時、心憤憤《ふんぷん》、口悱悱《ひひ》、得得《とくとく》として南方に来って、教外別伝《きょうげべつでん》の旨《むね》を滅却《めっきゃく》せんと要す」。このへんのところは先ほど説明したところです。

「漸悟《ぜんご》」に対して、禅は「頓悟《とんご》」といいますが、そんな修行もせずにあっという間に悟りを開くなどということはあるわけがない。そんなばかな話はないだろうと乗り込んで来たわけです。

この「教外別伝」の旨とは禅宗のことを指します。しかしそれを討ち滅ぼさんとする徳山も、もちろん関を出でざる時は、その悟りの関門を越えてはいない。だが、この関門を越えるために修行があるのです。実は皆さんもお一人お一人にこの関門がある。誰もが一生掛けてでも、その関門を越えてもらわないといけない。

そして「澧州《れいじゅう》の路上に到るに及んで、婆子《ばす》に問うて点心《てんじん》を買わんとす」。茶店のおばあさんと問答がありました。点心をくれと言った。するとおばあさんは、「那箇《なこ》の心をか点ぜん」、どの心を点ずるのですか、と。過去の心か、現在の心か、未来の心か。「過去心不可得、現在心不可得、未来心不可得」、これが心だということです。

「徳山者《こ》の一問を被《こうむ》って、直《じき》に得たり口匾担《へんたん》に似たることを」。匾担というのは、荷負い棒のことをいいます。荷物を荷負い棒の前後に振り分けて担ぐわけですが、その荷が重いと、への字に曲がります。それに似て、口をへの字に結んだ。おばあさんの問いに答えることができなかった。「是《かく》の如くなりと雖然《いえど》も、未だ肯《あえ》て婆子の句下《くか》に向って死却《しきゃく》せず」。この「死却せず」というのが、なかなか解釈が難しいのですが、要するに、このおばあさんにぎゃふんとさせられたが、もちろんへこたれたわけではないという意味。もう一つには、残念ながらここで死にきることができず、悟れなかったという意味でもあります。

本当の意味で我々は、「死却」しなければどうにもならない。何事でも真剣にやると、その問題と一つになるのですが、それでもまだ足りない。まだ一つになっているという感覚が残っている間はだめで、これを越えることを「死却」といいます。「死にきる」という意味です。死にきったら、どうなるか。死にきったら、そこからよみがえってもらわなければならない。我々がこの世に生まれてきたというのは、ある面でいえば、暗闇の中からこの世によみがえったということ。

ところで、ちょっと話が逸れますが、この頃とくに闇の世界が大事だということを、私は思います。というのは、これは天文学者の推定と植物学者の計算なのだそうですが、あと十年もたたないうちに、地球上の夜は十六等星ぐらいの明るさになる。十六等星の星がびっちりと空に埋められた状態の明るさになるのだそうです。これは、半月のときの明るさだそうです。夜、月が出ていなくても半月のときの明るさになっているのです。地球上全体がほぼそうなると。

なぜかといえば、地球上の夜は近年どこでも常に明かりが点いてますね。街のネオンだとか、道路の街路灯だとか、サーチライトとか、いろんなものが常時点いてます。それによって、だんだん夜が明るくなってしまうのです。その大きな原因は、原子力発電です。原子力発電というのは、ストップすることができない。電気を止めることができないのです。一度発電を始めると、電力を調節するために夜はゼロにするということができない。核分裂を起こしていますから、それを止めることはできないのです。ですから、昼夜を問わず電気をどんどん放出するわけです。原子力発電所が増えれば増えるほど、夜が明るくなるということです。そうすると、十年もたたないうちに、夜は半月の明るさになる。それはそれでいいではないか、夜道はそんな暗くなくて、帰るのも楽でいいと思っていたら、大間違いです。

そうするとどうなるか、人間もそうですが植物も、夜、明るい中で生きていくことになる。明かりがついていないと寝られないという人がいますが、ほんとうは夜は暗くなければならない。植物にとっては特にそうです。昼間は太陽が昇って、光合成で酸素を出すのですが、夜は休むかたちで、酸素を吸って二酸化炭素を出す。そのときには暗闇でないとだめなのだそうです。明るいままだと、昼間と同じ活動をする。すると、植物にストレスがどんどんたまっていく。ストレスが高じてくるとどうなるかというと、どこかで病気になります。病気になるといっても、この場合は地球上の全ての植物が病気になるということですから、植物全体が枯れるということです。

植物全体が枯れるとどうなるかというと、それならば今の科学であればビニールハウスでたくさんの植物を栽培すればいいじゃないかということになりますが、それは恐ろしいことが起きます。地球上の植物が全部枯れたとしますと、途端に酸素濃度が変わるのだそうです。大きく変わってしまって、地球上の下の方は、つまり地上は全部二酸化炭素に被われてしまうそうです。そうなると、人類は滅亡するという説があります。それがなんと十年も先ではない、十年以内だというのです。本当に大変なことです。これはもちろん、いろいろな計算の仕方がありますから、数値は差があると思います。しかし、その方向に動いていることは間違いないそうです。

我々も一緒です。「死却」という。本当に死にきらないとだめ。この現実の生活の中で、死にきらないと分からない世界があるのです。もちろんこの場合は、そうなっては全て終いになりますが。

最後のところを読んでいきます。「遂に婆子に問う、近処に甚麼《なん》の宗師《しゅうし》か有《あ》る。婆云く、五里の外に龍潭和尚あり。龍潭に到るに及んで敗闕《はいけつ》を納《い》れ尽す」。「敗闕を納れ尽くす」とは、もう徹底的に負けてしまったという意味です。「謂《いい》つべし、是《こ》れ前言後語《ぜんげんごご》に応ぜずと」。最初はすごい大そうなことを言ったが、最後は老師を疑わないなどと、一貫していないということです。

「龍潭、大いに児《じ》を憐《あわれ》んで醜《みにく》きことを覚えざるに似たり」。これは、幸い徳山がここで悟りを開いたものですから、龍潭和尚が「こんなすごい男がいるぞ」と褒めた。でも、少し子どもをかわいがりすぎじゃありませんかという皮肉です。あんまり子どもの自慢をしちゃいけませんよ。その上、火を吹き消すなど、おせっかいも度が過ぎませんか、と。

「他に些子《しゃし》の火種《かしゅ》あるを見て、郎忙《ろうぼう》として悪水《おすい》を将《も》って驀頭《まくとう》に一澆《いちぎょう》に澆殺《ぎょうさつ》す。冷地《れいち》に看来《み》らば、一場の好笑《こうしょう》ならん」。この火種とは、徳山に残っていた最後の煩悩の火ということ。それを消したわけですが、最後に本を燃やしたということ、これはまた格好がいいように見えるのですが、そこまでやらんでもいいのじゃないかということです。

だから、この龍潭禅師は徳山を評して、「孤峰頂上に向かって吾が道《どう》を立すること在らん」と。ほかのものを寄せ付けないという家風、性質を見抜いていたんです。冷静に見たならば、この一連の話というものは、何とも猿芝居とはいいませんが、田舎芝居のようだなというのです。まあ、皮肉を効かせながら、ほめているわけですが。

この話の流れというのは、皆さんもお分かりいただけたように、確かにこれは芝居気たっぷりではある。しかしここに何か大きな意味が隠されていると感じ取っていただければ幸いだと思います。

サイの話

時間が来てしまいましたので、もう終わりにしなければなりませんが、この度は師匠から弟子に法が伝わるありさまを見ていただきました。「一器の水を一器に移す」と言います。この器の水が弟子の方にさっと一気に移ったような感じがします。でもこれは、何も特別な人の問題ではないのだということを、話してからこの講座を終えたいと思います。

ある人からもう一月ぐらい前ですが、こういう話を聞きました。サイの話ですが、サイという動物、アフリカにもインドにもいます。四、五十年の寿命があると思うのですが、その最期のころになって、もう今年で寿命が尽きるというときになると、特別な行動をするのだそうです。どんなサイでもです。

今年で命が終わる。サイが住んでいるところはサバンナ地帯といって、雨期と乾期があるところです。雨期はわずか二ヶ月か三ヶ月しかありません。あとは乾期です。雨期のときはそれでも体が楽でしょう。雨が降っておりますし、食べ物もいっぱいあるし、水が豊富ですから。でも、乾期が厳しいわけです。その乾期を越えられないと悟ったサイはどうするか。雨期の間はもちろん普通にしてますが、乾期になる前に、サイはそこら辺に体をころがすらしい。何をするかというと、穴を掘っているんです。一つ穴を掘ったら、また次の穴を掘る。体をころがすだけで、大きな体ですから、そこにくぼみが一個できます。自分の力の限り、くぼみを作っていくのだそうです。

するとどうなるか。雨が降ると、そのくぼみの中に水がたまる。そうでしょうね。それが池になってくる。そうすると、雨期が終わって乾期になったときに、大地は乾燥していきますが、そのくぼみには水があって緑が残っている。すると、そこにほかの動物が来て水を飲んだり草を食べたりする。だが、このサイはもう水は飲まない、草も食べない。ただじっと仲間のサイや鳥や動物が、水を飲み草を喰むのを見ているだけなのです。そして、その水もいつか枯れたら、自分の命も終る。これがサイの最期なのだそうです。おそらく全てのサイの末期。

これを聞いて、本当に驚き感動しました。自分の最期は自然に命を終えていけばいいようなものだと思うのですが、なんと最後の最後の力をふりしぼって、穴を掘って、水をためる池を作る。その池の水でほかの動物が命を永らえるが、自分の命は終るわけです。

じつはこれが法なのです。もっと大きな命のために自分の命はある。つまり、自分の小さな命というのは、このより大きな命の仕組によって生かされているのだということです。ですから、自分の生が終わるときにどうすべきかということが、ここに表れる。でも、これはサイだけではない。あらゆる生き物が、我々が見抜けないだけで同じことをしているんだと思います。

それをしないのが、どうも人間ではないかということ。それを表明するのは悲しいことですが、だからこそ、こういうところに来ていただいて、坐らなければならないというのもあると思うのです。本当は人間でも、大自然に生まれて大自然の中で命を終えるということになれば、同じことをするでしょう。しかし、現代はもちろん過去の歴史においても、どうもそれはできていないように思います。先ほどの話のように、夜が明るくなりすぎている。これも人間のエゴだと思います。夜は眠ればいいのですが、夜を夜にしなくなったことによって、人間はもしかしたら自分の命を縮めている。やがて人類というものがなくなってしまうかもしれない。そういう瀬戸際の時代に来ているということを、認識しなければいけないのだということを、この頃教えられたのです。

では、その救いがどこにあるのか。このサイの行動にあるようです。我々の命というのはそういうものなのだと。最期ぐらいなにも他人に迷惑さえ掛けなければ、それでいいではないかと思いたいが、そうではないのですね。自分の力を尽くして、人のために、他の生き物のために、仲間のためだけではないのです。その池には鳥も飛んでくるし、ほかの動物だってくる、象だってくるわけですから。そんなことは全然そのサイには頓着ないのです。何が来てもうれしそうに見ている。これが法の世界だと思うのです。

今日の龍潭和尚と徳山和尚の話から、皆さんの心の中に何か小さな灯が点ったならば、ありがたいことだと思います。ご静聴ありがとうございました。

風の動くにあらず、幡の動くにあらず——非風非幡（第二十九則）

六祖、因《ちな》みに風刹幡《せっぱん》を颺《あ》ぐ。二僧有り、対論す。一《いつ》は云く、「幡《はた》動く」。一《いつ》は云く、「風動く」。往復して曽て未だ理に契《かな》わず。祖云く、「是れ風の動くに非ず、是れ幡の動くに非ず、仁者《にんじゃ》の心動く」。二僧悚然《しょうぜん》たり。

無門曰く、「是れ風の動くにあらず、是れ幡の動くにあらず、是れ心の動くにあらず、甚《いず》れの処にか祖師を見ん。若《も》し者裏《しゃり》に向って見得《けんとく》して親切ならば、方《まさ》に知らん、二僧《にそう》鉄を買うて金を得。祖師忍俊不禁《にんしゅんふきん》、一場の漏逗《ろうとう》なることを」。

頌に曰く

風幡心動《ふうばんしんどう》、一状に領過《りょうか》す。

只《た》だ口を開くことを知って、話堕《わだ》することを覚えず。

六祖、山を下る

本日は、無門関の第二十九則です。「非風非幡《ひふうひばん》」、これは「風にあらず、幡にあらず」と読めますが、その内容を簡単に説明してまいりましょう。

「六祖」という言葉は以前にも出ておりますが、禅宗第六祖という意味です。禅宗の第一祖、これは「初祖」といいます。特殊な言い方では「鼻祖《びそ》」ともいいます。なぜ鼻の祖が第一祖になるかというと、鼻というのは人間の体で一番前に出ています。第一歩は鼻から、です。百メートル競争でオリンピック選手などがゴールに入ったときに胸を出しますが、あれはほんとうは鼻が出るべきだろうと思います。そういう意味で、先頭に立つことを「鼻祖」といいます。鼻祖は誰か。もちろん達磨大師ということになります。

歴史上でこの方がほんとにおいでになったかどうかは、なかなか難しい問題ですが、百五十歳まで長生きしたということです。六世紀の前半の頃です。百歳を超えて中国に西来された。自分の跡取りができたのが、百二十歳前後。さらに、たくさんの方々から褒めたたえられたのではなくて攻撃されました。毒殺されそうになること六度です。しまいには、もう自ら諦めて毒を飲まれて亡くなられた。百五十歳だったという。

亡くなられてひつぎに収めてしばらくたつと、かのインドの国からシルクロードを経て帰ってきた中国の役人がいます。この役人がシルクロードの途中で非常に変わった方、異相の人に会います。その人は片足が裸足で、またその姿はインド人のように見えた。非常に高齢です。

都に帰ってきて、このことをみんなに告げます。するとそれは、この間亡くなられた達磨大師ではないか、ついに達磨大師に相違ないということで、それならば確認しようということになります。埋葬したひつぎを掘り出して、そのひつぎを開けてみると、中には達磨大師の影も形もなかった。ただ、靴が片方残っていたと言われています。このエピソードの絵図は特に「隻履《せきり》の達磨」と呼ばれます。

その達磨さんから数えて第六番目、六祖という方は、大鑑慧能《だいかんえのう》禅師という。この慧能禅師については、第二十三則「不思善悪」でも触れましたから、ここで詳しくは申しませんが、波瀾万丈の前半生を送ります。五祖、弘忍大満《ぐにんだいまん》禅師のもとで法を嗣ぎますが、その後、「山に隠れて十五年」といいます。

なぜ十五年も隠れていたかというと、慧能は大悟徹底はしたが、その頃はまだ行者《あんじゃ》です。行者というのは、つまり出家前の者、お坊さんになっていないのです。行者の立場で伝法の祖師になられたわけですから、すごいことです。だから五祖は「おまえはこのまま法を説いてはならん」と。山の中に潜み、聖胎長養《せいたいちょうよう》といって、その心境をじっくりと熟成させなさい。このように命じたのです。

ですから、十五年間、山にこもっていた。はっきり分かっているのは、きこりと一緒に生活をしていたことぐらいです。慧能さんは若い頃、山で薪を作って母親を養っていた。深山での生活は聖胎長養にふさわしかったかもしれません。かくして十五年、たまたま山を下りた時の話が、今回の提唱の内容です。


「仁者の心動く」


「六祖、因みに風、刹幡《せっぱん》を颺《あ》ぐ」。「刹」は本来は修行僧の建てる旗の柱という意味合いです。そこから転じて寺の意味になります。「幡」は大きな布です。ですから、寺の旗を「刹幡」と言います。そして「刹幡を揚げる」とはどういうことかといいますと、今日ここで説法がありますよ、ということです。その旗がパタパタと風に揺れていたわけです。

そうすると、その旗を見て、その寺の雲水二人が問答を始めた。「一《いっ》は云く、幡《はた》動くと。一は云く、風動くと」。幡が揺れている。一人が「あれは風が吹いているからだ」。「いや違う」と、もう一人が何と言ったか。「幡が動いているから、風が吹くことが分かるのだ」と。

風が吹いているから幡が揺れているというのと、旗が揺れているから風があることが分かるというのと、その両者です。つまり、「卵が先か、ニワトリが先か」ということです。ニワトリが卵を生んで子どもができて、一羽のニワトリになる。では最初のニワトリはどこから生まれてきたかということです。そのことと同じ問答、同じ討論です。だからこれは、幡や風だけの問題ではない。この討論、別に無意味な問答ではない。

そんな時に六祖が、たまたまその寺の前を通りかかったわけです。それを聞いた六祖は「往復して曽て未だ理に契《かな》わず」。どちらも理にかなっていないなと。だから、収まるところも収まらない。ここで六祖がついにしびれを切らしたのでしょう。

「是《こ》れ風の動くに非ず、是れ幡の動くに非ず、仁者《にんじゃ》の心動く」と。それは、風が動いているのではない、幡が動いているのでもない。あなたたち二人の心が動いているのだ。それを聞いて、「二僧、悚然《しょうぜん》たり」。「悚然」という言葉は、慄然《りつぜん》と似ています。意味は同じです。二人の僧はぎょっと驚いてしまった。なぜかというと、この二人は並みの修行僧ではないから、悚然としたのです。物事の本質とはいったい何かということを考えている。そういう人たちだからこそ、その本質をずばっと指摘されて、ぎょっとしたのです。

その映像が皆さんの頭の中に浮かんでくれたでしょうか。この正眼寺の前で幡がたなびいている。今日、説法をしますよという合図です。そこを四十歳前後の人が通りかかった。すると、幡がパタパタと揺らめいていて、そこの雲水の二人がお互いに言い争いをしている。「あれは旗が動いているんだ」、「いや、そうじゃない。風が動いている」。そして、その対論がやまなかった。それをじっと聞いていたその人が、ついにしびれを切らして、「旗が動いているのではない、風が動いているのでもない。あなたたちの心が動いているのです」。途端にこの二人は、ゾクッと鳥肌が立った。まさにぐらぐらっとした感動です。「なんと、我々の心が動いていたのか」と。

そこを無門禅師が、「評」して言う。それについて論評した。

「無門曰く、是れ風の動くにあらず、是れ幡の動くにあらず、是れ心の動くにあらず」。風の動くにあらず、幡の動くにあらず、ここまではよろしい。しかし、じつに心の動きでもない。「若《も》し者裏《しゃり》に向って見得《けんとく》して親切ならば、方《まさ》に知らん、二僧《にそう》鉄を買うて金を得」。風の動きでもない、幡の動きでもない、さらに皆さんの心の動きでもない。さあ、どういう意味か。これに対して卓越した答えが言えるならば、「方に知らん、二僧鉄を買うて金を得」と。鉄を買いに行ったのに、それがありがたいことに、金を手に入れることができたとわかるであろう。そう無門禅師は明言します。

そして、「祖師忍《にん》俊《しゅん》不《ふ》禁《きん》、一場の漏逗《ろうとう》なることを」。祖師というのは六祖のこと。「忍俊不禁」、なかなか難しい言葉ですが、「忍俊」は、忍んで耐えるという意味。口を出すまいと、我慢をしていたのに、ついにしびれを切らして、「一場の漏逗」、ついにぼろを出してしまった。黙っていればよかったのに、六祖が口を滑らして正体を現わしてしまった。

この後、この寺は騒然となったのです。この二人、これは住職に言わなければと思うわけです。住職はじつは陰からずっと見ていた。見ていて「これは」と思って、直ちに招き入れて、賓客として扱って「あなたはただのお人ではないと私は思いますが」と、低姿勢でいろいろと話を聞いた。

すると聞けば聞くほど、なるほど経典などの知識はわずかしかないのですが、法の根源については、もうどんな質問にも何を聞いてもぴしっと答える。どうもこれは生きている仏のようだ。そこで、「今を去る十五年前に、達磨さんからの法を嗣いだ五祖禅師が後継者を決められた後、その方は隠棲されたと聞いてますが、あなたは、その法を継いだ方ではないですか」と問う。そこでやむをえず白状に及んだわけです。

途端に「私はあなたの弟子になります」と、この住職がいう。とはいえ、かたや一介のきこりです。だから、その日に直ちに出家をしてもらった。住職が頭をそってあげて、それで「私を弟子にしてください」と。この住職、剃髪得度をしてやった者の弟子になったのです。

今まで、山の中で気楽に生きていたのに、ついに頭をそられて、衣を着せられて、みんなの前で説法をしなければならないようになってしまった。これも含めて「祖師忍俊不禁、一場の漏逗なることを」というわけです。

ここから六祖は法を世間に伝えていく。そして、それから三十年以上を経て、亡くなられたのが、西暦の七一三年。三十六年間、弘法される。曹渓寺という寺には、六祖禅師の即身仏、坐禅したまま亡くなるのを「坐脱《ざだつ》」「坐亡《ざぼう》」というのですが、それがまつられています。この六祖は禅宗史上、最も偉大な人物の一人と言われています。でも、この方は大して学問もない。しかし、仏法を体現している。

さらに無門禅師が、「頌に曰く」とは、詩にして言う。「風幡心動《ふうばんしんどう》、一状に領過《りょうか》す」。これは一通の令状でもって、皆同罪として拘引するということで、風が動くも、幡が動くも、心が動くというのも、一遍にまとめてしまったという意味です。

そして、「只《た》だ口を開くことを知って、話堕《わだ》することを覚えず」。このように口をさしはさむことはよろしいが、そのことで失敗をすることもある。口は災いの元と昔から言います。もの言えば唇寒し秋の風。以上が、二十九則「非風非幡」のおおよその意味です。

「天命は人事を尽くすことを待つ」

今回の夏期講座で昨日は、大野勝彦先生と鍵山秀三郎先生の講演をいただきました。お二人の先生とも、演題できちっと話の内容が窺えます。鍵山先生は、何が一番大事かというのは、言葉で言えば、「凡事徹底」ということでした。大野先生は「天命よろこんでこの道をゆく」。天命と心得て何事も行なっていくということです。

「人事を尽くして天命を待つ」という言葉は、ご存じですね。我々は人間としての最大限の努力をしてその結果については天命の判断に任すということです。この説明を聞かれて皆さんは「なるほどな」と思われるかもしれませんが、私はあるとき、これは逆に解釈しなければならないと思いました。

それが昨日のお二人の話です。つまり、「人事を尽くして天命を待つ」とは普通、人間としてすべきことはすべてしたのだから、もう後はどのような結果も受け入れるということでしょうが、逆に考えるとこうなる。「天命は人事を尽くすことを待つ」。天命というのは、人事を尽くすことを待つのだと。みんな人事を尽くしたなどと言うけれど、我々の人事などというのは大したことではないのです。それゆえ、天の命、天の願いを聞こうとするならば、徹底して人事を尽しきらなくてはならないと思うのです。

鍵山先生は掃除のことを言われましたが、掃除ひとつでも徹底すれば必ず窮します。もっときれいになるのではないかと。この窮したときにどうするか。それでもあきらめずにできることをする。そうするとどうなるか。いやあ、想いもしなかった美しさが待っていた、と。

まさに、この二僧に対する天命のごとく、「風の動くに非ず、幡の動くに非ず、仁者の心動く」と。六祖慧能の断言です。しかし、そこでこの二僧はどうなったか。窮して変ず、変じて通ずと言いますが、この変化の途端に、人間というのはぞくっとする。違う世界を見せられて、ぞくっとくる。それが先ほどからの、この二僧の実感というものでしょう。

さて、一昨日、大野先生と夕食を美濃加茂のホテルで一緒にしました。私はホテルで初めて先生とお会いしたのですが、本当にすごい方だなと感服しました。ご存じのように右手が義手ですが、食事のときも先生は、義手でもって実に見事に、しかもあっという間に食べられる。そして、珍しい食べ物などが出てくると、「これ、いいな」と言われて、葉書に筆ペンでちょっちょっとスケッチを描かれる。

ちなみに、筆は我々いつも使っていますが、筆は本来寝せて書いてはだめだと言います。まさに先生の義手では、筆を斜めには挟めませんから、真っすぐに立てる。そして、小手先ではなく、腕全体、いや身体でもって書かれる。そうすると、ああいういい字になる。垂直に筆を立てる、そうでなければ良い字は書けないのだということを、あらためて分らせていただきました。

食事が終わったころに、先生から「老師からも何か書いてくれませんか」と言われました。そこで何を書かせていただこうかなと、いろいろなプレッシャーの中でふと思ったのが、こういう言葉です。「無手而行、先生真心」。無手にして行ず、それこそ先生の真心だと。

「無手にして行ず」、これは手を使っていながら、手を使っていないという意味です。我々は手でもって、筆を使って字を書きます。しかし、手を使って字を書いているという感覚ではだめだということ。本当に徹底したら、手が書いているわけではない、筆が書いているわけではない。そして、心が書いているわけでもない。ただ書かれている。それが徹底の世界なのです。それを「無手而行」と代弁したのです。それは、無心としか言いようがない。真心と言ってもいい。真心とは、禅では普通は言わないのですが、それでもよいと思います。

凡事徹底――周利槃特の話

その徹底の例として、皆さんに一つ、映像として浮かびやすいことをお話して終わりにしたいと思います。

鍵山先生は「凡事徹底」と言われます。私ほど能力のない者はない。そう自覚せざるを得ない。ならばどうするか。自分が決めたこと、自分がよしと考えたことを一生続けていこう。そのことに徹底すればいいのだ。それ以上のことはできるわけがない。能力がないのだからと、先生はそのように決意されたわけです。

そして、その決意を実行するとどうなるか。十年続けると偉大な人になる。二十年続けると恐るべき人になる。三十年続けたら歴史に残る人になる。まさに、歴史を作る人になると言われる。どのようなささいなことでもです。

お釈迦さまのお弟子さんで、周利槃特《しゅりはんどく》という人がいます。この人は自分の名前も時々忘れてしまうほど愚かであったと言われております。もちろん文字なぞ書けるわけがありません。弟子ですから、お釈迦さまの説法の席にいつも座っているのですが、いろいろ聞いても、八聖道の一つもわからない。三法印もわからない。「三法印」というのは、諸行は無常である。諸法は無我である。そして、そのことが分かったら涅槃寂静である。つまりそれこそ悟りの境地であるということです。

この周利槃特はそれらの一つの言葉も理解できず、記憶もできない。皆さんは一回聞かれれば、だいたいのことは記憶できるでしょうが、彼は百回聞いても、千回聞いても覚えられない。大変な愚かな人間に思われます。大好きなお釈迦さまの話を一所懸命に聞くのですが、記憶がすっと消える。

兄さんが二人いたそうですが、この二人は大変な秀才。兄二人に比べて、自分がいかに劣っているか。すべての人に比べてどれほど愚かであるか。でも、自分はお釈迦さまのそばで少しでも法を聴きたい。しかし、残念ながら、言葉一つも記憶することができない。ある日ほとほと悲しく嫌になって、一人泣きぬれていたのです。

するとお釈迦さまが来られました。これが有り難い。困っている人、苦しんでいる人のところに、すっと近づいていける人がお釈迦さまです。遠くから「いや、人が困っているから助けるべきだよ」などと言っている人は、お釈迦さまではない。苦しみ困っている人がいたら、何も言わずにすっとそばに行ける人がお釈迦さまなのです。

さあ、お釈迦さまはそれをご覧になって、「周利槃特よ、どうしたのだね」と尋ねられた。すると周利槃特は、それこそもたもたした言葉で、「こんな愚か者でございます。お釈迦さまの弟子として恥ずかしいです」。そして「お話の一つでも、いくら覚えようとつとめても覚えることができません」、そう申し上げた。すると、お釈迦さまはそれを大変に哀れんで、「分かりました。

じゃあ、明日からあなたは私の法の席には着かなくてよろしい。しかし、これだけをお願いしたい」と言われます。

お釈迦さまご本人と直接話しができることなどめったにありませんが、「来なくてよろしい」と言われる。弟子をお払い箱かと思うところですが、そうではなくて、「あなたは、法の席に来なくてよろしいけれど、私の願いだと思って、真の修行だと思って、毎日ここを掃除してくれないか」と言われたのです。周利槃特は即座に「分かりました。いたします。ここを掃除すればいいのですね」、「そうだ」。「それでいいのですね」、「それでこそ私の本当の弟子だぞ」。ここが大事ですね。掃除をしなさい。しかし、それができたら本当の弟子です。

もうその日からやろうとしたら、「ちょっと待ちなさい。その掃除をするに際して一つ頼みがある」。「何でしょうか」、「掃除をしながら、この言葉を唱えてほしい」と言って、言われた言葉がこれです。「毎日ここを掃除して、心にも身体にもちりが付かないようにしよう」。しかし、これはとても長くて覚えられない。自分の名前さえ忘れているような人間が、こんな長い文章を覚えられるわけがない。お釈迦さまも「どうしようか」と。

それならば、「これはどうかな、『ちりをはらえ、ちりをはらえ』」。箒を振って、「ちりをはらえ、ちりをはらえ」。「払塵」と、漢字で書くと二文字です。「ちりをはらえ」は六文字ですから、「南無阿弥陀仏」と同じ。だから、これならいけるだろうと。だが、普通だったら「ちりをはらえ」と一気に言うところですが、彼は「ちり…?」となるわけです。「…はらえ? 何をはらうんだろう」と、この人はこういう人です。

久しくして、ようよう「ちりをはらえ、ちりをはらえ」と覚え、箒を振うのと、ちりと、はらうの三つが一つになった。そうして、「ちりをはらえ、ちりをはらえ」は、まさに念仏のようなもの、いつしかちりをはらうことが念仏になった。

「じゃあ、明日から頼むぞ」、「わかりました」。次の日、夜も明けるか明けないかのうちにやって来て、「ちりをはらえ、ちりをはらえ」。朝から晩まで、「食事だよ」と言われても、「ちりをはらえ、ちりをはらえ」。一日、二日、三日、四日、五日たっても、終日「ちりをはらえ、ちりをはらえ」。こういう人は雨が降っても、風が吹いても、延々とやります。

雨が降ったら、我々は普通、庭の掃除はしませんね。でも、彼は必ずします。相当以前ですが、私の知っている人で、毎日庭に水をまいている人がいました。当時、ある会社の会長さんです。毎朝、庭を掃いたあと水をまく。その人は雨が降っても水をまいた。「雨が降っているのだから止めたらどうですか」と家人が言うと、「いや、雨は雨の仕事、これはわしの仕事だ」と言って、水をまくのを止めなかったそうです。

これは、この周利槃特の「ちりをはらえ、ちりをはらえ」と同じです。風が吹こうが、雨が降ろうが、雪が降ろうが、毎日「ちりをはらえ、ちりをはらえ」です。決定しているといってよい。これが「凡事徹底」です。「なんだ、雨が降っているなら止めよう」、というのが我々です。「どうにもできないじゃないか。風が出てるから、いくら掃いたって次々散ってくるし、落葉は舞い上がるし、今日はやってもむだだ」と。でも、彼はそうではない。やるのです、徹底してやる。そして、何ヶ月たったか、何年たったたか分かりません。分かりませんが、たぶんお釈迦さまはじっと見ておられたと思います。彼に疑問が一つ浮かんだ。「ちりをはらえ、ちりをはらえ」、朝から晩までそのことに徹底していますから、頭の中に妄想の一つも浮かんでこない。でもあるときに、これが不思議です、徹底すると必ず、疑問がわく。「何でこんなことをしているのだろう」という疑問ではない。本当に徹底している人は、そのしていることに対する本質的疑問がわく。

どういうことかといいますと、「ちりをはらえ、ちりをはらえ」とやり続ければ、庭はなめることができるほどきれいになっている。朝から晩まで、この人は毎日、ちりが落ちてくるのを待つようにして、ちりを取っている。まさに究極までいったわけです。すると、きれいな上にもきれいなところを掃いて、「ちりをはらえ、ちりをはらえ」というときに、いったいこの人にどのような疑問がわきますか。そう、一つしかない。「ちりって、なんだろう」という疑問がわくのに決まっています。

途端に、「なあんだ、全然ない、何もないじゃないか」。ちりなんて、どこにもないじゃないかと。そうではないですか。きれいに毎日毎日、庭を掃いた、きれいに庭を掃いただけではなくて、心のちりまでみんな掃いてしまった。どこにもちりがない。これは悟りの真っ只中です。

かつて五祖禅師のもとで、神秀上座は「身はこれ菩提樹、心は明鏡台の如し。時々に勤めて払拭《ふっしょく》して、塵埃《じんあい》を惹《ひ》かしむること莫《なか》れ」と。それに対して慧能禅師は、「菩提は本樹《もと》なく、明鏡もまた台に非ず。本来無一物、何れの処にか塵埃を惹かん」と言った。「本来無一物、何れの処にか塵埃を惹かん」、この法は本来無一物。なにもない。どこにちりがあるのか。どこにちりがつくのだ。周利槃特はこれが分かったのです。

このときに周利槃特は、優秀な兄さん二人を追い越して、悟りの境地にいたって、ついに法の体現者になってしまった。仏教の「ぶ」の字も知らない人が、一気に仏さまの位になった。仏法というのは言葉ではないということを、この人は如実に表しています。

今日の「風の動くにあらず、幡の動くにあらず」は、じつはこの世界を端的に表現しているのです。しかし、我々はどうも「仁者《にんじゃ》の心、動くなり」のようです。ぜひ、この原点に帰りたいものです。そして講座にご参加の皆さま方には、今こそ、そのことの重要性を感じ取っていただければありがたいと思います。

心が即ち仏である——即心即仏（第三十則）

馬祖《ばそ》、因みに大梅《だいばい》問う、「如何《いか》なるか是れ仏」。祖云く、「即心即仏《そくしんそくぶつ》」。

無門曰く、「若《も》し能《よ》く直下《じきげ》に領略《りょうりゃく》し得《え》去らば、仏衣《ぶつえ》を著《つ》け、仏飯《ぶっぱん》を喫《きっ》し、仏話《ぶつわ》を説き、仏行《ぶつぎょう》を行ずる、即ち是れ仏なり。是《か》の如くなりと雖然《いえど》も、大梅は多少の人を引いて、錯《あやま》って定盤星《じょうばんじょう》を認めしむ。争《いか》でか知らん、箇《こ》の仏の字を説くも三日口を漱《そそ》ぐということを。若《も》し是れ箇《こ》の漢ならば、即心即仏と説くを見て、耳を掩《おお》って便《すなわ》ち走らん」。

頌に曰く

青天白日《せいてんはくじつ》、切に忌《い》む尋覓《じんみゃく》することを。

更に如何と問えば、贓《ぞう》を抱いて屈《くつ》と叫ぶ。

本日は、ここからは講座、あるいは提唱《ていしょう》の時間となります。先にも言いましたが、このように講座台の上に私が座りまして、本尊、釈迦如来と向き合って話をするわけです。こういう形の僧堂における講義のことを、提唱といいます。世間でも提唱という言葉をこのごろは使うようになりましたが、本来はこの禅門の特殊用語でありまして、「引っ提げ、唱える」という意味です。

何を引っ提げて唱えるのかといいますと、簡単に言えば私が修行してきた成果というものを引っ提げて、それを丸出しにして、修行僧の前に出すのではなく、お釈迦さまの前にさらけ出す。

私が述べることを、お釈迦さまと対等に、これが仏法である、これが法である、あるいは、これが世の道理であると唱えるわけです。「肝胆相照《かんたんあいて》らす」などという言葉を使うこともありますが、お釈迦さまがにこりとされるか、にやりと苦笑されるか、あるいは苦虫《にがむし》を噛み潰すような顔をされるか分かりませんが、このように聞き手と対等以上の気概で、自分の思いを主張するのが、提唱という意味です。

昨日から、ご講演の先生方の迫力に満ちた、また含蓄あるお話をうかがっておりますと、まことに今日までの先生方の人生そのものがそこに表れているわけでありまして、それこそ提唱というものです。我々一人一人も、やはりこの世で何年、何十年の人生になるか分かりませんが、この人生そのものをもって人と対するわけですから、我々も本来なら提唱をすべきであります。このように受け取っていただいて、これからの時間を一緒に過ごしていただきたいと思います。

無門関の第三十番目のエピソードを、今日はテキストに使っております。無門関には全部で四十八則、四十八のエピソードが含まれておりますが、今日はその三十番目です。

題は「即心即仏《そくしんそくぶつ》」。文章は非常に短くて、この後に続いている文章も大して長くありません。非常に分かりやすい内容だと思いますが、一つずつ解説をしてみたいと思います。

「心が即ち仏である」

「馬祖、因みに大梅《だいばい》問う、如何なるか是れ仏。祖云く、即心即仏」。馬祖という方は、馬祖道一《ばそどういつ》禅師という方です。これは無門禅師よりもずっと昔の方でして、お亡くなりになったのが七八八年、八世紀の終わりころです。ですから、無門禅師とは五百年近くの差があるわけです。馬祖、姓は馬さん、「マーさん」です。道一が諱《いみな》といいますが、お名前です。お生まれになったのがいつかというのははっきりしないんですが、亡くなられたのは八十歳前後ではないかと思います。

その馬祖禅師と、弟子である大梅《だいばい》禅師との間のエピソードが、今日のテーマです。馬祖禅師は、小さいときから大変異相だった。しかも異能。姿形も際立っていたが、能力も天才的だったそうです。幼くしてあらゆる書物に通じていたと伝わっております。

我々師家《しけ》は嗣法の弟子を最低一人つくることが、要請されます。皆さんの家庭でお子さんを一人つくって――つくってという言い方はちょっと語弊がありますが、子どもが生まれて、その家の跡を継いでもらうようなものです。しかし、この寺の跡を継いでもらうためだけに、跡継ぎをつくるのではありません。法を継いでもらうということなのです。形ではなくて、仏法を本当に体得したものを一人つくらなければならない。それが、師家の一番重要な役目です。

でも、弟子の大半はそこまでいかずに、修行半ばで山を下りてしまいます。馬祖禅師の下では、修行を成就した人が、これはもう驚異的ですが、一三〇人もあったと言われています。一人、二人できて上々というところを、百人を越えてつくられたということは、尋常ならざることですが、それほど能力が高かったという証拠です。ですから馬祖禅師は、また「大馬祖」とも呼ばれております。

これは余談でありますが、馬という字はどちらかというと差別的な用語でありまして、動物を扱う集団の人たちにこの名前が多いそうです。ですから馬祖は、社会的な階層からいえば下層のところから出た偉人ということで、この点も特筆すべきことだと言われております。今からそれこそ千三百年も千四百年も昔の話ですから、そのようなことがあったようです。

では、内容を探ってみます。「馬祖、因みに大梅問う、如何なるか是れ仏。祖云く、即心即仏」。大梅禅師のことも話をしなければなりませんが、後の方で少し申し上げたいと思います。馬祖禅師の下で大梅法常禅師が修行中に、「如何なるか是れ仏」、このように質問したということです。それに対して馬祖禅師が、「即心即仏」と答えたわけです。「如何なるか是れ仏」というのは、禅の修行における質問の常套文句でして、つまり、我々の本当の心、この世の道理、あるいは仏の世界はいったいどういうことですか、という根本的な質問です。

それに対して、「即心即仏」と答えた。これを簡単に言うと、「心が即ち仏である」。我々の心、それが仏そのものである、と。

ここでぴたっと文章が終わっております。あとはどうなったのか。ここが大事です。普通でしたらその後で、「いや、そうはおっしゃいますけれども、どうも自分の心を顧みたところで、仏さまと同じような心とは到底思えません。こんな私らの心が仏さまと同じなのですか。腹が減ったら飯が食べたい。食べたいどころじゃなくて、腹いっぱいになったって、ケーキやら果物でもあればさらに食べて、やむところがない。そういう意味では、優しい気持ちになれ、なんて言われるが、なかなかそういうわけにもいきません。これがどうして仏さまの心ですか」と問いたくなるところですが、一切そういうことが書かれておりません。いったいこれはなぜか。

「如何なるか是れ仏。祖云く、即心即仏」と言われて、この大梅禅師は悟られたということなのです。悟られたというか、はっきりと得心してしまった。「なるほど」と。実際、この後、直ちに大梅禅師はこの馬祖禅師の山を下ります。下りて広州の隣の浙江省でも天台山の近くの大梅山という山に隠れてしまいます。その後、四十年も五十年も隠れて、一切、人の接触を断ってしまわれた。

しかし、大梅山に大変怖ろしい和尚、お坊さんがおいでになるということで、いろいろな人が訪ねて行きます。訪ねて来たらやはり会うのですが、煩わしくてしょうがない。そこでどうしたか。ついに、さらに山奥に入ってしまう。二度と人と会わなくてすむような深山、それでも人は訪ねて行くものです。法を求めてこの山の奥まで訪ねていって、ついに何人かのお弟子さんができた。八五〇年ごろに八十八歳で亡くなられたということです。

「即は即、如は如」

「即心即仏」、これは日本人ですと、「即心」は「即ち心は」と読みたい。「即ち心は、即ち仏である」、このように読みたいところですが、先ほど私は「心は即ち仏である」と読みました。我々の心というものは仏である。それを「即心即仏」と書いてあるわけです。それならばこの「即心」という言葉が分かればいいということになります。

私がまだ高校生ぐらいのときです。東京の東久留米市、その当時は久留米町ですが、私はその米津寺という小さな寺で生まれ育ちました。檀家が一家しかない小さな寺です。七、八キロ離れたところに、埼玉県新座市、野火止《のびどめ》の平林寺という臨済宗の専門道場があります。ここの雲水さんたちが私の寺、つまり父を訪ねてよく来られた。平林寺の別院のようだったのです。父も平林僧堂で修行いたしましたので、そういう関係もあったのでしょう。

そんなことで、いまの平林寺の老師さんと、引退された閑栖老師《かんせいろうし》も、雲水時代によく来られました。その閑栖さんは糸原円応老師という方ですが、その日、平林寺のことで、父といろいろな話をしている。我々子どもたちもそばに座って聴くとなしに聞き、一緒に食事をしたり、お茶を飲んだりしているわけです。たまたま別の客がありまして、そのお客さんも会話に加わった。ちょっと禅に興味がある人らしく、いまの閑栖老師さん、当時は親しく子供たちでさえ、「応さん」と呼んでいましたが、この応さんに質問した。

「私も仏教の本を少し読み、禅の本も読んだのですが、その中で、『即』とか『如』という言葉がよく出てくる。この意味がよく分かりません。どういうことなんでしょう。これは、分からないと言いながら、この人、禅を相当勉強して来たのでしょう。「即心即仏」の「即」です。それから、「如々」という言葉もありますが、「真如」の「如」です。鋭い質問ですね。

すると、この応さんが答えました。なんと答えられたか。「『即』は『即』、『如』は『如』だよ」。これが禅問答です。初めてそれを聞いて、目からうろこが落ちたような気がしました。そのときお坊さんになろうと決めたわけではないのですが、「なにか、いい答え方だな」と思いました。ああでもないこうでもないと言わず、「『即』は『即』だ。『如』は『如』だ」と。

ところが、その答えに対して、このお客さんは黙り込んでしまった。こんな人と話してもむだだという意味ではない。納得したというのか、「うーん」となって妙に得心したのでしょう、「『即』は『即』だ。『如』は『如』なんだ」と。ここが大切なところです。「即心」と言われて、いったいこれはどういう意味なのだと言うよりも、「即心」と言われて「即心」と捉える。これが大事なのだということです。

昭和四十九年に、この正眼寺道場に掛搭《かとう》といいますが、入門いたしました。四月十日でした。そして、十日から十九日までの間は、私はここの正式な雲水ではありません。二日間は「庭詰め」といいまして、入門を乞う厳しい行があります。それから一週間は「旦過詰め《たんがづめ》」というのですが、見習い期間です。この九日間を無事に済まさないと、正式な正眼寺の雲水として認めてくれません。この九日間が要するに、試験期間です。先輩から観察されているわけです。そして、その観察されたことを、老師に報告され、それを聞いて老師が判断をされて、「まあ、いいだろう。掛搭を許そう」ということになるわけです。

この一週間の旦過詰めの間に、いろいろなことを新米雲水にやらせます。その中の一つに、托鉢があります。四日目ぐらいからです。初めの二日間は、庭詰めでひたすら頭を下げ、縁側にはいつくばっているだけなのですが、それが過ぎると、客人として一部屋を与えられます。ちょうど本堂の裏の部屋でした。「上間の間」といいます。そこで柏布団だけ与えられて、殿司《でんす》という役目の雲水から言われます。何も用事がないときにはそれを使って中で坐っていなさい。それ以外は掃除とか、あるいはお勤めですね、それは必ず出ないといけない。そして、托鉢にも出なさいと。

その殿司さんから「明日、托鉢だ」と言われました。そして、いろいろ説明を受けました。もちろん、托鉢は初めてするわけですから、「こういう格好をしなさい、こういう準備をしなさい。わらじも持っているね。合羽《かっぱ》もあるね」と言われて、「はい、あります」。「じゃあ、朝課粥座《ちょうかしゅくざ》の後、何時何分に出るから、それまでにきちんと準備しておきなさい」と言われて、「はい、分かりました」。

で、朝課、朝のお勤めが三時半から始まり、朝の食事の粥座《しゅくざ》も済んで、何気なく外をみると、雨が降っている。途端に「ああ、今日は休みだな」と思った。いちおう雨合羽を備えているんですが、その時点では使い方など全く知りませんでした。「雨が降っているから休みだな。でも、しとしとと雨では托鉢に出るかもしれないから、もっと降らないかな」などと思ったりしていたら、願い通りだんだん強くなって、ザーッと降りだした。食事の後、部屋ではきちっと坐禅をしていなければならないところですが、「まあ、休みだろうから」と布団に寄りかかって半分うとうとしていたのです。

すると、急にガラッと襖が開いて「日過さん」と怒鳴られ、「何やってるんだ」と怒られたのです。「托鉢だぞ。何をしている」と言われまして、そこでつい、「雨が降っているではないですか」と言いますと、「雨が降ってても、槍が降っても托鉢には出るのだ」と言われ、そこから急いで用意して、バタバタバタッと外に出た。

出たら、本当にすごい雨です。「あんた、カッパを着なきゃいけないよ」と、カッパの着方を教えてもらい、それで何とか出発した。ところが、初めて托鉢に出たわけですから、自分の装束の整い方もいいかげんです。ですから、あっという間にあちこちがずぶぬれになって、たぶん四月十六日あたりですから、まだ雨も少し冷たい感じです。どこまで行くのだろうと思うが、いくら歩いても、目的地に着かないどころか、なんと正眼寺から一五キロ先まで歩かされた。雨は、どんどん降っている。わらじを履いて歩くのも初めてですから、もう腹の中では「何でこんなことやるんだろう」と、ぶつぶつ言いながら歩いている。もちろん口には出しませんが、心の中ではそうです。

いつしか、すっかりずぶぬれになって、下着までぬれているのがよく分かる。こうなると妙に腹が据わります。不思議なものです。「もうどうでもいい。もっと降れ」と思いました。ここまでぬれたのなら、シャワーでも浴びる気持ちになってやってやろうというように、がらっと気持ちが変わる。そうこうして現地に着くと、「ここから托鉢だ」。約三時間の托鉢です。

その托鉢をしている間に、徐々に天気が変わってきて、いよいよ「点心場《てんじんば》」という食事をいただく場所まで行ったときには、からっと晴れ上がっていました。すると、不思議なことです。それまで体全体がずぶぬれになっていたのですが、歩きながら太陽に照らされます。そのせいか下着まで自然に乾いて、すっきりとして、その上、何か分かったような気がいたしました。

つまり、「明日は托鉢だ」と言われて、もちろんその心構えでおりました。ところが、雨という事態になって、私はこれは托鉢は中止だなと思った。そこを、「当たり前だ、出るに決まってるじゃないか」と怒られて、出されたわけです。途端に、愚痴です。我慢で心の中が闇になる。その闇の中でうろうろしてる間にずぶぬれになった。ずぶぬれになると、不思議に腹が据わってしまい、「まあいいや。こうなったら、どこまででもやってみよう」というくらいの気持ちになってしまった。衣もグズグズだし、中の下着までグズグズです。着替えがあるわけでなし、どこかで休ませてくれるわけでもない。ならば、この格好のままで言われたとおりやるしかないんじゃないかなということになります。そこに至ったら、後はもう何をしていたか覚えていません。いつの間にか空が晴れ渡っていて、衣はしわくちゃでしたが、すっと乾いていたということだけをよく覚えております。

まさに、「即」ということでしょうか。ぐずぐず言わない、ぐずぐず言えないのだという、即です。すべきことをして、何かこうなってほしい、ああなってほしいなどと思わなくなった途端に、一番いい状態になるという、それを最初に教えられた気がいたします。それでどうのこうのはないのですが、この「即心」の話の始まりとして、少し皆さんの参考になるかと思って申し上げたのです。

「即心即仏」か「非心非仏」か

以前にも言いましたが、この冒頭の文章を「本則《ほんそく》」と言いますが、その次の「無門曰く」以下が、「評《ひょう》」といって講評のことです。最後の「頌《じゅ》に曰く」というのは、この評をさらに、詩文でもって表すこと。偈《げ》ともいいます。ではまず、その評を読んでみます。

「若《も》し能《よ》く直下《じきげ》に領略《りょうりゃく》し得《え》去らば、仏衣《ぶつえ》を著《つ》け、仏飯《ぶっぱん》を喫《きっ》し、仏話《ぶつわ》を説き、仏行《ぶつぎょう》を行ずる、即ち是れ仏なり」。この「即心即仏」というものを、即そのまま、皆さんが受け取っていただいたならば、ぐずぐず言わずにです——、皆さんは仏の衣を着て、仏のご飯を食べ、仏の話をしゃべられる。そして仏の行いをされる。その「仏作仏行《ぶっさぶつぎょう》」の人ですよ、という意味です。このように無門禅師が言われた。

「即心即仏」、これだけです。実は仏法で一番大事なことは、ここです。「即心即仏」を、そのまま受け取っていただく。まさに、あなたは仏ではないですか。「衆生本来仏なり」と言いますが、我々一人ひとりは仏そのもの。「即心即仏」を真っ直ぐにそのとおりに受け取りなさい。

「是の如《かく》くなりと雖然《いえど》も、大梅は多少の人を引いて、錯《あやま》って定盤星《じょうばんじょう》を認めしむ」。

ここから、禅宗のお坊さんの皮肉が始まる。確かにその通りだけれども、大梅禅師、あなたは「即心即仏」、これ一つで、深い納得をした。あなたの一生はまさにこの一句にある。ですから、大梅禅師は常に「即心即仏」と言っておられたが、この言葉をもって「多少の人を引いて」というのは、たくさんの人をという意味です。日本語の「多少」の日常的な使い方と違います。

「定盤星」というのは、簡単に言うと「はかり」です。中年以上の方は、たぶん見たことがあると思いますが、手で持つ、分銅のあるはかりです。分銅を少しずらして量る。目盛りのところで時々大きなぽつぽつがあるのを覚えておられますか。あの星印の突起のことを「定盤星」と言います。ここは一貫目、ここは二貫目と、星印があったということを記憶されていると思います。そこを「定盤」という。つまり、物ごとを量り決める基準ということです。

この世の中というのは「即心即仏」でもってすべて整う、その価値判断、基準というものをもって、あなたは、たくさんの人を誤らせた、道を踏み誤らせたではないか、と文句を言ったのです。続けて、「争《いか》でか知らん、箇《こ》の仏の字を説くも三日口を漱《そそ》ぐということを」。ここで「即心即仏」と、「仏」という字を引っ張りだしたが、私だったらそんな言葉を聞いた途端に、「三日、口を漱ぐ」。そんなことは聞きたくもない、というわけです。

面白い禅語があります。「許由《きょゆう》は岸に臨んで耳を洗い、巣父《そうほ》は牛に水を飲まさず」。これは皇帝からその位を譲ると言われた許由が、その勅を断わるだけでなく、耳が汚れたと川で耳を洗ったのですが、すると、その友達である巣父という人がそれを聞いて、「帝の命を断わって、ここで耳を洗ったのか、ならば、わしはもうこの川の水は、うちで飼っている牛には飲ませない」と言った話があります。まさに、仏くさい話など聞きたくもない。それを毎日説くなどとは、それこそ「三日口を漱ぐ」べし。何度も何度もうがいをすべきである。

さらに、「是れ箇の漢ならば、即心即仏と説くを見て、耳を掩《おお》って便ち走らん」。「即心即仏」、そんな言葉は聞きたくもない、それこそ途端に「耳を掩って」逃げ出すわい、と。

さて、大梅禅師の師匠、馬祖禅師は、さすが大禅師と言うべきでしょうか。「如何なるか是れ仏」、仏法で一番大事なことは何か。それは「即心即仏」である、と常に説かれていました。ところが、あるときから、それをやめる。もちろん飽きたとかいうレベルではない。今度はどう言われたか。「非心非仏」。心は仏ではございませんよ、と。いったいどちらが本当なのかと言いたくなります。

それからしばらくたって、時間の関係上、端折って申しますが、大梅禅師が山の奥に隠れた。隠れて何年かたった頃。塩官《えんかん》という馬祖禅師のお弟子さんの一人ですが、この人の弟子がこの山に拄杖になるような木を探しに行った。うろうろしているときに、大梅禅師とおぼしき人に出会った。塩官に報告すると、それは馬祖禅師の下で一緒に修行した大梅だろうということで、それがまた、馬祖禅師に伝えられた。そこで遂に馬祖禅師は、自分の弟子に「かくかくしかじかだと、おまえ話してこい」と言い含めて、大梅禅師のところに行かせた。

この弟子は大梅に会って、師匠から言われたとおり、時候の挨拶から始めて話し出します。すると大梅から「このごろ師匠、馬祖禅師はどのようにお過ごしか」と聞かれて、「修行僧から問われたときには、禅師は『即心即仏』と以前は答えましたが、今は違います」と、馬祖から言われたとおりに言った。すると、「では、どう答えられるのか」と大梅が尋ねたのです。この弟子はそこで、「このごろは『非心非仏』と答えられます」と。

すると大梅が、「あの人をたぶらかす名人の馬祖おやじめ。またそのようなことを言って、世の中を混乱させているのか。たとえ、師匠が『非心非仏』と言おうが、私は『即心即仏』だ」と言い放った。

直ぐに帰ったその弟子が馬祖のところに行って、「かくかくしかじかでございました」と報告したところ、馬祖禅師はこう言われたそうです。「梅子《ばいす》熟せり」と。つまり「大梅もついに出来上がったのう」と言われたそうです。このへんのところ、なかなか難しい問題ですが、後で何とかまとめてみましょう。

「贓を抱いて屈と叫ぶ」

「頌に曰く、青天白日《せいてんはくじつ》、切に忌《い》む尋覓《じんみゃく》することを」。「尋覓」と書いて「にんみゃく」とか「じんみゃく」と読みます。「更に如何と問えば、贓《ぞう》を抱いて屈《くつ》と叫ぶ」。

まったく「即心即仏」というのは、青天白日、からっとして雲一つもない。明々白々、まったく明らか。それゆえに、ああでもない、こうでもないと質問することは止めた方がよい。

そこを強いて、さらに問うならば、ここが面白い、「贓を抱いて屈と叫ぶ」。「贓」というのは盗んだもの。そして、「屈と叫ぶ」というのは、よくこのごろ裁判でもあります、無実なのに罪に問われて、長いこと裁判を続けて無実を勝ち取るというような冤罪です。この場合はそれと反対です。例えば、この時計を盗んだとします。警官から「これは何だ」と突きつけられて、「これは自分のものだ、言い掛かりだ」と。明らかに盗んだものを持っているのに、「いや、私は盗んでいません」と言うのと一緒だぞと。

あえて説明を加えれば、「あなたは立派な仏じゃないか」。それを信用できずに、「私、本当に仏なのですか」、とは「なんと愚かなことか。仏が自分のことを『私は仏ですか』と聞くものか」。このように無門禅師は言っているのです。

これに類して、面白いエピソードがあります。もう今から十年以上前なのですが、本山で大行事があり、無事済んでその帰り道です。その当時は、京都から正眼寺まで自家用車で往復しておりました。今はやめました。この事件があってからです。大行事が終わって隠侍さんの運転で伊深に向っていましたが、どうもこの隠侍さん、気付くとスピードを上げる。「もう行事が終わって、帰るだけの仕事なのだから急がなくていいぞ。ゆっくり走れ」。「分かりました」。またしばらくたつと、ブーンとスピードを出す。「もう少しゆっくり走れ」と、スピードを出すのと交互になって、正眼寺に向った。

しかし、どうも胸騒ぎがする。「この隠侍さん事故を起こすのではないか」。焦っているわけです、何とか早く帰りたいという。その気持ちが感じられるものですから、「ゆっくり行け、ゆっくり行け」と言いながら、ついにこの近くまで来ます。ここから三キロぐらいのところまで来て、もう正眼寺の山並が見える。「助かったな。ここまで来たのだから、もう大丈夫だ」と安心したのでしょう。新聞を読んだり、眼を外に向けたりしていたのですが、その新聞をポンと傍らに置いて、「ふう」と一息ついたところで、私は瞬く間にうたた寝をしてしまいました。ほんのわずかな間に、緊張が緩んだのですね。

途端に、背中の方で「危ないぞ、危ないぞ」という声が聞こえるのです。でも、体はもう完全に寝ていますから、びくとも動かない。それから次に、「ぶつかるぞ、ぶつかるぞ」という声が聞こえてきた。やはり体は動かない。瞬間に、ガガガガと音がしだした。そのうちにガーンと、さらに激しい音がした。途端に、自分の体がふわーっと飛んだ。次に気付いたときには、運転手の隠侍さん、彼のその隣に私がいるのです。隣の助手席に私がいた。

どういうわけか分かりません。ともかく、全く事実でして、ふわっと頭から助手席に突っ込んだかたちで私がいて、右横の運転席に隠侍さんの顔が逆に見えるわけです。私は気付いて、すぐこう言いました。

「おまえさん、どうした」。すると、彼が言いました、ハンドルを持ったまま前方を直視し、「何もしてません。何もしてません」。何もしてないと言うわりには、車は大きく傾いて止まっているし、前のガラスは、ひびだらけです。これはどうにもならんと、ドアをなんとか開けて外に出たのです。

小雨の中、車は側溝に片輪が落ちていて、前に石の山があって、そこにぶつかっている。やはり「ああ、居眠りで事故が起きたな」と認識ができて、すぐ、あちこち見ました。人が倒れてないか、ほかの車が壊れてないか。幸いに何もなかった。自損事故だけですんだようです。

しかし、大変な自損事故です。側溝に落ちて、そこをガリガリと走っている間に、車のシャーシですか、あれを切ってしまっている。それほどすごい衝撃です。前に石が積んであったところにぶつかって止まったから、助かったといえば助かったのですが。彼の「何もしてません、何もしてません」は、衝撃的な言葉でした。私は「何もしてないのに、なぜ、わしが助手席にいるのだ」と、思わず言っていましたね。

これが、今言ったところの、「贓を抱いて屈と叫ぶ」ということです。壊れたハンドルを抱いて、「事故ではありません」と叫ぶ。まさに我々は、このような生き方をしているのではないかということです。だからこそ、「あなたは仏さまだ」と言われても、なかなか信じ切れるものではありません。だから我々は努めて、仏になろう、仏になろうとするわけです。少しでも努めていい人生を歩もうとする。ところが、「それが大間違いだ」ということです。

瓦を磨く――南嶽禅師と馬祖禅師

この馬祖禅師が、お師匠さんの南嶽《なんがく》懐譲《えじょう》禅師の下で修行されたときのエピソードは、まことに有名です。もちろん、皆さんはあまりご存じないでしょうが、修行する者にとっては非常に大事な話です。

馬祖道一禅師は、大変天才的な人だったということを先ほど申しましたが、その師匠の南嶽懐譲禅師という方は、それこそ禅門ではこの人ほど大事な人はいないというほどの、六祖慧能禅師の直系のお弟子さんです。そして、師匠まさりの禅者。馬祖禅師がまた、その直系になるわけです。ずいぶん以前の夏期講座で話しましたが、この馬祖が二十代の前半の頃、衡山の般若寺という寺を南嶽懐譲禅師が住職をされているときに、同じ山の一角にある伝法院という寺で、馬祖禅師は修行されていた。ともかく、朝から晩まで坐禅をし続けるという。こういうことを行業純一《ぎょうごうじゅんいつ》といいますが、まことに、まじめ一辺倒なんです。才能があってまじめ一辺倒ですから、恐ろしい人です。

この人が坐禅中に南嶽老師がふらっとその伝法院を訪れた。伝法院の本堂の縁で坐っている馬祖の前にきて、「おまえさん、何をしているのだね」と。坐禅をしている者に、「おまえさん、何をしている」という質問もないのですが、表面に見えていることを質問しているわけではないということです。「何をしている」、「坐禅をしております」。素直に答えた。「坐禅をしてどうするのだ」。

ここです。「坐禅をしてどうするのか」と聞かれて、ここの皆さんでしたら、坐禅をして心を静めたい、少し勉強した方なら、坐禅をして仏法を少しでも知りたい。あるいは、さらに進んだ方は、「即心即仏」ということですから、「仏になりたい」と答えるのではないでしょうか。

馬祖も、「仏になりとうございます」と答えた。すると、南嶽禅師は何にもいわずにポンと本堂の縁から降りて、落ちていた瓦を二つ拾って、そこでごしごし、ごしごしと擦りだした。不思議なことをされます。ですから、馬祖はこう聞いたわけです。「老師さま、いったい何をなさっているのですか」。南嶽禅師は「いや、わしは瓦を磨いている」。確かにそうですね。しかし、いったいそれは、「瓦を磨いてどうされるのですか」。

この質問、最初に南嶽が馬祖に問うた質問と同類だと何となく感じられませんか。そこで南嶽禅師が、「いや、瓦を磨いて鏡にする」。ここで我々は「え?」と思う。ですから馬祖は言います。「瓦をいくら磨いても、鏡にはならないと思いますが」。すると南嶽禅師が、「ふん、瓦を磨いても鏡にはならんか。それならいくら坐禅しても、仏にはなれんぞ」。こう言われた。「仏でないものがいくら坐禅して仏になろうとしても、仏にはなれない」と言われたのが、実に手厳しい。そこで、「いったい、どうしたらよろしいでしょう」と、馬祖は頭を下げるしかありません。一生懸命、坐禅して、何とかして仏の世界を知りたい。仏の世界を見てみたい。このように思って精進して力を尽くしていたわけですが、それを否定されたのです。「いくら自分を磨いても、自分を磨くという意思がある限りはそれは不可能である」と言われたのです。ドキッとしたでしょうね。

「では、どうしたらよろしいでしょうか」。すると禅師が「例えば、牛車のことを考えてごらん」。その牛車が、先ほどの車のように溝に落ちたと考える。そのときにどうするかです。牛車をたたいて、むちを打って、「さあ、この溝から出なさい」とやるか。それとも、牛をたたくか、どちらをするか。

「どちらをするか」と聞かれたなら、我々なら間違いなくこう答えますね、牛にむち打ちます、と。でも、馬祖はそこで黙ってしまった。「うーん。確かに牛をむち打つ。それは正しいように見える」。牛車ですから、車をいくら打ったってそれは動かないことは分かります。でも、牛をむち打つ。それもはたしてどうなのか。自分が牛だということが分かっています。「牛をむち打つことで、はたしてその車は出るのかな」。車にものすごく重い荷物があれば、牛をいくら打っても無理。この車を出すことはできません。

確かに、これはどうにもなりません。「うーん」、とうなってしまった。それに対して、南嶽禅師は懇々と諭されたと言われております。「坐禅をして仏になると思っているようだが、仏というのは決まった相があるわけではない」と言う。「坐禅の姿に、仏の姿があるのではない。だから、それを求めれば仏から遠くなってしまう」と。そこで、初めて馬祖は「なるほどな」と納得がいって、いよいよこの南嶽禅師の下で修行を進められて、ついに南嶽の法を継いだということになっております。

もし、自分が人生の中でつまずいたら、つまずくということは、自分だけがつまずいたというように考えられるかもしれませんが、何かを背負ってつまずくのが人の常です。まったく一人きりの自由の立場だったら、つまずく確率は低いものです。何かを背負っているものですから、つまずいて倒れる。そこで起き上がろうとする自分に、自分が「頑張れ、頑張れ」とやるのがよいのか。あるいは、持っている荷物に「頑張れ、頑張れ」とやるのがよいのか。このような質問と同等ですが、一番いいのはどうすることかと質問を変えます。そして解答を申しましょうか。それは荷物を捨てて、「はい、さようなら」と、言葉は悪いですが、とんずらをすることです。それが一番自由になります。重い荷物を持って行こうとするから、また苦労して足をくじいたりするわけです。荷物を投げ棄てて、スタスタ逃げていく。これほどいいことはない。どうも、馬祖にもそれは分かっている。分かっているが、それで本当に良いのか。だから、南嶽禅師の下で修行を進められたということです。

仏さまにすべてを差し出す

私がこの道場に掛搭、入門したのは昭和四十九年です。その新到、新入りの雲水のときの一年間というのが、私の修行の基礎になっていますが、その幾つかのエピソードの中で、これは忘れられないというのがあります。それが、この「即心即仏」ということと、よくつながっております。

正眼僧堂に入門して一ヶ月か二ヶ月と思いますが、ある日、先輩から質問を受けた。私は休さんと呼ばれておりました。「休さん、あんた、衣にこの帯、『手巾《しゅきん》』というものをしてるけれども、その『手巾』の意味を知っているかね」と。雲水の姿をみていただくと分かります。衣の上から腹に締めている太帯のことを手巾と言います。その意味が分かるかと聞かれましたが、般若心経がようやく読めるようになったぐらいですから、それは分かりません。

「じゃあ、その結び目を見て、何か考えることはないか」。じっと結び目を、それも先輩のを見つめているのですが、よく分かりません。すると、この先輩が「それも分からんのか」というような顔をして、「手巾の結び目は、水引《みずひき》に見えないかね」と言うんです。

一壺天

「そういえば、水引に見えますね」、「雲水というのは、自分の体に水引を巻いたということを意味するのさ」と、分かったような、分からんような話を聞きましたが、「うーん」とうなるばかり。その後の説明がない。これが親切です。こうだろう、ああだろうというのは、親切ではないですね。「自分の体に水引を巻いたのが、雲水だ」。これだけでした。

そこで、じっと考えてしまいます。確かに、形を見ると水引を巻いたようなものです。果物とか、お菓子とか、きちっとした挨拶の時などは、奉書紙で包んで水引のひもをかける。寺ではよくそのようにいたします。そうして、お土産とか、あるいはお見舞いとか、持って行くときに使います。つまり水引を掛けたものは、もう自分のところには置かない、誰かに差し上げるものだということです。

「うーん。そうなのか」と思いました。「自分の体に水引を回す、あるいは掛けるということは、自分の体を差し出すということなのか」。こう思わざるを得ない。「なるほどな」と。雲水というのは、衣を着て、この法衣も大袈裟に言えば、お釈迦さまから伝わるところの衣の一片です。それに、さらにこういうふうに水引を巻くということ、帯をするということは、「自分の体を差し出したということなんだな。じゃあ、いったい誰に差し出すのか」。これが分からなければ意味がありませんが、もちろんこれは我が身をお釈迦さまに差し出したということです。差し出すということは、どういうことになるでしょう。これを考えないと意味がありませんが、差し出したならば、あとは煮るなり、焼くなり、どうぞご自由にしてくださいというのが、差し出すものの覚悟です。

お土産で隣の家に、「これつまらないものですが、召し上がってください」と持って行ったところ、お礼を言うそばから、その家の主人が別の来客に、「これどうぞ」と差し上げられたら、持っていった人はたぶん気分を害するでしょうが、文句は言えない。できれば見ていないところでやってほしいですが、そういうこともあります。先々代の老師が、お客さんが何人か来られて「お土産です」と差し出す。「うん。ありがとう」と、こちらへ置いて、また次の人がお土産を出す。前の人がいる前で、「あんた、これ持って帰りなさい」と、違う人にあげる。それは、持ってきた人は嫌な顔をしますね。

でもこれは、土産を頂戴した者がしてもよいことです。我々、差し上げたものに対しては、もうそこに執着などはないはずです。ところが、我々は自分が差し上げたと執着しております。なぜか。それは、本当に差し出していないからです。

元に戻りますが、仏というのは、仏という言葉にも執着してはいけない。修行して仏になるのだという、そういう執着心があれば、もう仏とは離れている。仏さまに我が身を差し出すことが修行僧の始まりですが、それは、差し出したということにも執着していないということです。どんなふうに扱われても、何とでも構いません。

すると、差し出したのですから、煮るなり、焼くなり好きなように、ということです。つまり、自分の体が疲れていようが、苦しかろうが、差し出したものである限り、仏さまが命じた、やるべきことはやらなければならない。このようになっていくと、どうなるかというと、今までは自分がやっているという気になっていたが、本当は仏さまがさせてくださっているのだというようになる。仏さまが動いていただいているんだというように受け取れば、苦しくも、つらくもなくなる。なぜならば、苦しいとか、つらいとかいう人が、もうそこにはいないのですから。

「即心即仏」というのはこれです。一切合切をお任せしてしまうということ。これが「即心即仏」の世界です。

「任す」という言葉が出ましたが、信仰の「信」という字を書いても、「まかす」と読みます。これは普通そうは読みませんが。どうしてそれが「まかす」なのかということの説明をしますと、これも言わずもがなのことです。本来、こんなことを聞きますと、「三日口を漱ぐ」ではないけれど、「三日耳を覆う」ことになってしまうかもしれません。

「信」という字を分析しますと、「人偏」に「言」という字が書いてあります。「人偏」は人を指し示すことはご存じだと思います。「言」は言葉です。言葉はいったいどこから来たのか。これは人の言葉かということになりますが、じつは言葉というのは人の言葉のことではありません。聖書に書かれていますね、「始めに言葉ありき」と。人間が生まれる前から、言葉はあったのだということです。ということは、古代の人々は言葉は神からさずかったと思っていたのです。言葉というのは、すべて神の信号である。そして人偏の意味は、人がかしこまって頭をかしげている状態のことだそうです。つまり、言葉の前に人がひれ伏していることを「信」というのです。

神の言葉の前に人間が一切を投げ出して、「分かりました」と身を捧げているのが、「信」という意味です。

ですから「信仰」というのは「神仏に自らを任す」ということで、「信じ仰ぐ」のではないのです。つまり、「即心即仏」といいますが、そのことをはっきりと了解しようとするならば、この「信」がないとだめだということです。手巾という帯を締めるということは、仏さまにすべてを差し出し、信《まか》せきって、そこで初めて「即心即仏」になるのだということです。分かっていただけるならば、ありがたく思います。

「一指頭の禅」

どうもこの頃の世の中、「一年の計、十年の計、百年の計」があるとすれば、せいぜい一年の計でもって動いているような気がします。「一年の計をはかろうとするならば、穀物を樹えよ。十年の計をはかるならば、木を樹えよ」。だが、「百年の計をはかるならば、人を樹え、育てよ」といいます。これは荀子《じゅんし》という書物の中に書かれている言葉です。「樹」は「うえる」と読みますが、これが大事だと私は思います。

人を育てるということはどういうことかというと、木のように育てよということです。じっくりと育てなさいということでもありましょうが、時々話をしますように、「木の下には、その木の子どもは育たない」ということも考えなければなりません。

松の木がありますね、この境内にも。あの松の木の下に松かさが落ち、その実が地面に潜めば松の芽が出てくる。しかし実際は、火事のような熱を浴びないと松かさが開かないのですが、それはともあれ、松の木の下に松かさが落ち実がこぼれれば、必ず芽が出てきて松の子どもが育つのではないか。ところが、それは不可能のようなのです。

それが信用できない方は、どうぞ実験してみてください、それも十年ぐらいかけて。何かの木の下にその実が落ちますね。ちゃんと芽が出てきます。十年ぐらい観察されると良い。そうすると、十年たつと十年分伸びます。しかし、そのぐらいで、たぶん枯れてきます。これはもう専門家の言うことですから、間違いありませんし、私もその確認はしました。

では、松の木の下にドングリの実が落ちた場合はどうか。これは育ちます。その逆のドングリの木の下に松の実だったら、松は育ちます。ドングリの下にドングリはだめ、松の下に松はだめなのです。その理由は簡単ではないでしょうが、事実です。

これが「人を樹える」と書く理由ではないでしょうか。木のように人は育てなさいということです。ですから、自分の力の及ぶ傘の下に子どもを置いて、立派に育ってほしいと思うのは、間違いだということです。古代の人というのは、こういう知恵があった。「そだてる」という字は幾つもあるわけですが、「樹」を使っている。ということは、木のように育てなさいということです。それはつまり、自分の子どもはいつまでも身近に置いてはいけませんということです。外に出して自立させるべきだということです。それが、本当の意味で人を育てるということです。

この公案「即心即仏」も、そういう流れがみえます。これは、「仏というのはいったい何か」と問われて、「それは仏である」と答えたのと一緒です。まことにおかしな問答です。それなのに、これで了解したということは、どういうことでしょう。

つまり、「即心即仏」と、毎日聞いているわけです。「如何なるか是れ仏」、「即心即仏」。馬祖禅師は毎日そう言っておられる。それを弟子は毎日聞いている。聞いてはいるけれども、じつは半信半疑です。「そんなことはないんじゃないか」と、疑問を持ってしまう。たしかに、我が身を振り返ってみれば、それこそ坐禅をして、本当の自分を見ようとしているわけですから、自分の心の底を突っつき点検すればするほど、仏らしさから遠ざかる。それこそ、最後には仏らしい一片もない。そうなると、「即心即仏」といわれるが、そんなことなど信じられません、となる。「信じられない」となった途端に、この世は闇になると言ってもよいほどです。何も信じるものがなくなる。そのことこそが、「如何なるか是れ仏」という質問の真の意味だったのです。

弟子を突き放して育てるのです。大梅のときにも、馬祖禅師は「即心即仏」と答えた。だがもしある時に、弟子のその闇の中に、「即心即仏」が一気にずんと入り込んできたら、その闇はどうなるでしょうか。

この大梅禅師の弟子に天龍《てんりゅう》和尚という人がいます。その天龍和尚の下に、倶胝《ぐてい》和尚《おしょう》という有名な方があります。倶胝和尚は、天龍和尚から「一指頭《いっしとう》」の法を継いだのですが、天龍和尚という人は、いつでも質問を受けると、「ふん」と人差指一本を立てる。これだけです。「如何なるか是れ仏」、「ふん」。「この世の中で一番大事なこと」、「ふん」。「明日、老師さまは名古屋の方にお出掛けになりますか」、「ふん」。何の質問を受けても、これです。

倶胝和尚という人は、師の天龍和尚のこの一指頭の禅を体得してから、一生、師と同じ生き方をしたのです。それゆえに倶胝和尚が亡くなるとき、「我、天龍一指頭の禅を得て、今日まで一生受用不尽」と言われたそうです。その意は、師から得た禅を使い尽せなかったという意味です、この指一本の禅を。

この和尚に有名な話があります。今度は倶胝和尚の弟子の小僧のことです。この小僧が並みの小僧ではありません。生意気な小僧です。もちろん倶胝和尚の前ではやりませんが、世間に出て「小僧さん。今日は老師さん、ご安泰ですか」と尋ねられると、指を一本立てて「ふん」。「よう、小僧さん。何のために町に出て来たのかね。買い物かい」と言われると、「ふん」。何を聞いても、指を一本立てて「ふん」、そんな小僧が一人生まれたのです。

それがいつの間にかこの倶胝老師のところに伝わってきた。その瞬間に「これはいかん」と、倶胝老師は思ったに相違ありません。馬祖禅師が「即心即仏」から「非心非仏」に変わったのとよく似ています。「これはいかん」と思われたのでしょうね、これでは、この小僧をだめにしてしまう。

そこで、あるときにこの小僧を呼んで、「小僧」と呼んだ。「はい」。そこで「如何なるか是れ仏」と問いかけた。「小僧」と言われたのですから、「これこれの買い物に行け」とか、何か言われるのかと思ったのです。それを、「如何なるか是れ仏」と。ここがすごいところです。普通の質問ではだめ。「おまえ、ちょっと八百屋に行って、こういうものを買ってきなさい」と言えば、「はい、分かりました」となるわけです。それを、「如何なるか是れ仏」ですから、いつもの癖で、「ほい」と指を一本出してしまった。

途端に、この指を倶胝和尚はぐっとつかんで、隠し持っていた小刀でズバッと切ってしまった。これがまたすごい。その瞬間に「うわあ」となって小僧は悲痛の叫びを上げて走るようにして逃げていく。そこにもう一度、「小僧」と間髪を入れずに呼んだ。するると、くるっと振り向いたので、「如何なるか是れ仏」。この質問も予想外。途端に、小僧がまたいつもの癖で「ほい」と指を出そうとしたら、今度は指がない。指がないのを見て、小僧が「はっ」と悟ったという話が伝わっています。

いつもの癖で、「ほい」と出そうとしたのですが、その指がないのですから、これは指そのもののことではない。そこがはっきりと、この小僧にも分かった。じつは史実では後半は少し違いますが、それはともかく、「即心即仏」も同じこと。真似をして模倣してよしとしてしまう。「如何なるか是れ仏」、「即心即仏」。馬祖の弟子たちは皆、こうオウム返しに答えるようになるわけです。そこで、ついに馬祖は「非心非仏」と否定した。もちろん、その真意をちゃんと大梅禅師は知っていますから、「馬祖老漢、またそんなことを言って人をたぶらかしているのか」と言われたのです。このところを見ていただければ、と思います。

カエルの物語

私はだいたいこういう話をしますと、最後は生き物の話をして終わることになっています。今の時期、稲が勢いよく田んぼで育っております。そして田にはまだ水が張ってあったりする。小動物がいろいろうごめいておりますが、その中にカエルがいる。このカエルの話で終わろうかと思います。

二匹のカエル、友達同士が牧場で遊んでおりました。すると、目の前にバケツが置いてあるのが見えた。そのバケツに興味を持ったものですから、よじ上って中をのぞいてみた。すると、ピカッと光が反射して、水が張ってあることが分かる。少し遊び疲れたものですから、その中に飛び込んで一泳ぎしようと、二匹ともに思った。

しかし、飛び込んだところ、はっと気付いた。その中味は水ではありませんでした。さあ、何か。皆さんの答を聞いている時間がありませんので自分で答えますが、中は牛乳だった。牧場ですから当たり前です。牛の乳を搾って、置いてあっただけです。その中に飛び込んだ。「これはいけない」、縁までいって手を掛けてよじ登って逃げようとしたところ、ずるっと滑った。また泳いでいって、あっちへ行ってもだめ、どこに行ってもだめ、滑ってしまいます。困りました。

でも、泳いでいれば浮いている、だから泳ぐしかないのですが、困りました。いつまで泳がなければならないのか。

三十分ぐらいバタバタやっていても、誰も助けに来てくれません。さあ、一時間たちました。疲れ切ってきました。でも、お互い友達同士ですから、「頑張ろうな」というわけです。「よし」と頑張るのですが、またしばらくたって、疲れて「もうだめだ」。「いや、いま手を止めたら死んでしまう。頑張ろうぜ」。

さらにそこから時間がたって、ついに片方のカエルがこう言ったそうです。もうヘトヘトで手も足も動かなくなった。棒のようになってしまった。とうとう「こんなに苦しいならば、死んだ方がましだ」と言って、途端に手を動かすのをやめてしまった。動かなくなったのかもしれない。するとそのままずるずると沈んでいきます。

残されたカエルは、「ああ」と声をしぼり「自分も同じだ。もう少したてば同じ運命だ。彼と一緒だな」。こう思うわけです。いちおう惰性でもって手が動いている。手を動かしながら、自分も五分後か十分後には、――カエルが五分か十分という単位が分かるかどうかは別です。とにかく、しばらくたてば、自分も同じように疲れきって沈んでしまうだろうと、こう思った。

だが、そう思いながら、このカエルは残されたわずかなエネルギーを使って考えるわけです。考えてこういう結論を下しました。確かにしばらくたてば自分は沈むが、今は手が動いて浮いている。ならば、生きている限り生きてみよう。生きている限り泳いでみよう。生きている証しで泳いでみようと思った。そうして、そのような覚悟で泳ぎだした。

泳ぎ出すと、いつの間にか泳ぐことに専念している。泳ぐだけです。そうすると、いつの間にか泳ぎが乗ってくる。少し波が生まれ、その波に乗ることができるようになって、ついに楽に泳げるようになった。そしていつの間にか、泳いでいることと、自分とが一つになる。泳いでいるのか、泳いでいないのか分からないぐらい、一つになる。

しばらくたって、しばらくどころではない、相当な時間でしょうね。まだ彼は泳いでいる格好をしています。だけど、ふっと何か感じた。すると、途端に足があることが分かりました。次また何か感じた。すると、途端に手があることを覚えます。次に、自分の体があることを感じます。目や鼻があることが分かる。今度は、自分の体が浮いていることが分かる。つまり、向こうが見えるのです、景色が。今まで中で泳いでいましたから、外の景色が見えるわけはないのですが、ところが、向こうの景色が見える。それですっと前に行くと、なんと、バケツの縁がある。だから、彼はそこからポンと外に飛び降りた。

これはいったい、何が起きたのでしょうか。これを聞いている方々に質問しますと、「ああ、分かりました。牛乳が変わったのですね」、「はい、そうです」。「じゃあ、多分、ヨーグルトに変わったのですね」、「ヨーグルトではないのです」。「ではチーズでしょうか」。そんな簡単にチーズはできません。結局これは、バターになったのです。でも、そんなことが可能かどうか。

じつは私、牧場で生活したことがあります。合計して一ヶ年ほどです。ですから答えられますが、それは可能です。子どもを生んで間もない牛から出る乳でしたら、四、五時間もかき混ぜたら、大丈夫、バターができます。そうでないと凝固剤を入れないとできませんが。

つまり、牛乳を攪拌《かくはん》したのです、このカエル。しかし、皆さんは、そんなことは不可能だと言うでしょうね。そこをきちっと信じていただくのが、「即心即仏」というものです。

つまり、一生懸命泳ぐことによって無駄な力がなくなってしまった。そうすると、自分で作る波に乗る。波に乗るということは、さらに波をつくる。その波がどんどん大きく、強い波に増幅する。つまり、バケツの中で波が回転するようになる。そこで自然に攪拌しだした。そうすると、その長い間の攪拌の結果、牛乳がバターに変わって、助かったという話です。

物理的変化はさておき、何に注目していただきたいか、それはこのカエルの心の変化です。つまり、このカエルはもうなにも特別に考えていません。生き残ろうとも思っていない。だが、覚悟したのです。それは、「いま幸いに生きている。泳いでいる。ならば、命のある限り泳いでみよう。命のある限り生きてみよう」ということです。

その決意をした途端どうなるかというと、自分を任せたということです。任すとどうなるかというと、波が生まれて、その波に乗って楽に泳げる。そしてその波によってバターができて、要するに生かされた。最初は、意識の中で泳いでいるが、次第に集中三昧になれば、泳いでいるのではなく、泳がされている。泳がされたということは、要するに生かされたということ。生かされたらどうなるか。つまり、自分ががらっと変わって、世界と一つになってしまったのですから、今度は生かしている世界が変わるわけです。

自分が変わらないとこうはならない。なぜかというと、自然と自分とが一つになったとき、自然の働きによって生かされるわけで、これを「即心」と言ってもよい。「即心」というのは、何も思わないことです。唯識では、「阿頼耶識《あらやしき》」という言葉を使いますが、心の最奥の阿頼耶識の、さらに奥の、まったく純な世界。それを「即心」といいます。「即心」の世界に生きておれば、あなたは仏そのものですよと、この話は主張しているのです。

「即心」は、何も思わないことと申しましたが、ぼんやりしているのとは違います。これはどういうことかというと、真剣にやることです。カエルのように一生懸命、無心に泳いでいれば、それが「即心」であり、何も思わないということなのです。いまのことに精いっぱい力を尽くすことです。

先ほどの私の旦過詰めの時の託鉢の話、あれもそうです。ぬれてしまって、「もうどうでもなれ」となって、最後は「それならもっとぬれてやれ」と思ったときに、「即心」になっているのです。「即心」になってくると、思いもしませんでしたが、天が晴れてくる。それまでは「雨男」だったのですが、あの日から「晴れ男」になったような気がします。つまり、自分を全部捨ててしまうと、生かしてくれる世界が現前して、生かしていただける。そのことをぴたっと感じ取った、その一瞬だったと思うのです。それを「即心」といいます。

ありがとうございました。これで終わります。

婆子を勘破する——趙州勘婆（第三十一則）

趙州《じょうしゅう》、因《ちな》みに僧、婆子《ばす》に問う、「台山《たいざん》の路、甚《いず》れの処《ところ》に向かって去る」。婆云く、「驀直去《まくじきこ》」。僧纔《わずか》に行くこと三、五歩。婆云く、「好箇《こうこ》の師僧、又《ま》た恁麼《いんも》にし去る」。後に僧有《あ》って州に挙似《こじ》す。州云く、「待て、我去って汝《なんじ》が与《た》めに這《こ》の婆子を勘過《かんか》せん」。明日便《みょうにちすなわ》ち去って亦《ま》た是《こ》の如く問う。婆も亦た是の如く答う。州帰って衆に謂《い》って曰《いわ》く、「台山の婆子、我れ汝が与めに勘破《かんぱ》し了《おわ》れり」。

無門曰く、婆子只《た》だ坐して帷幄《いあく》に籌《はか》りごとを解《げ》すも、要且《ようか》つ賊を著《つ》けて知らずと。趙州老人、善《よ》く営を偸《ぬす》み塞《さい》を劫《おびや》かすの機を用ゆるも、又《ま》た且《か》つ大人《たいじん》の相《そう》無し。検点《けんてん》し将《も》ち来たれば、二り倶《とも》に過《とが》有り。且《しば》らく道《い》え、那裏《なり》か是れ趙州、婆子を勘破する処《ところ》。

頌に曰く

問《もん》既に一般なれば、答も亦《ま》た相い似たり。
飯裏《はんり》に砂《いさご》有り、泥中《でいちゅう》に刺《いばら》有り。

「婆子」との問答

今日は、無門関の第三十一則で、「趙州勘婆《じょうしゅうかんば》」という題名です。「趙州」というのは、人の名前で禅門では大変に有名な大和尚。「勘婆」というのは「婆子《ばす》を勘破《かんぱ》する」、要するに、見破るというような意味です。「勘婆」と使いますが、「勘破」と「婆子」を短くして「勘婆」です。「婆子」というのは、一般には「おばあさん」。禅宗の修行の歴史では、もともと男性が主になっておりますが、時々に大変才能のある女性で、禅にそれこそ傾倒して修行を仕上げてしまうような方が現れます。そういう人を、特に尊敬の意味を込めて「婆子」といいます。年齢が七十歳だとか八十歳の世間的にいう意味でのおばあさんではありません。かといって、十歳や十五歳の少女でももちろんありません。それ相応の、二十歳から六十歳ぐらいまでの大人で、大変に宗教的な力のある女性がこの「婆子」です。

ですからこれは、趙州和尚がこの婆子を「勘破」してしまった、見破ってしまったという話です。何を見破ったというのでしょうか。

雲水の立場でいたときには、このような語録から毎週、二回、三回と繰り返して老師が提唱されるわけですが、一年や二年の間は漢字を追っていくだけが精いっぱいで、意味などは本当につかめない。さらに、その奥にある深い宗旨、これをつかむにはまことに時間がかかります。しかし、表面的な意味が分からないと、それこそ、このエピソードに入ってもいけませんので、まず文章の解釈をいたします。

「趙州、因みに僧、婆子に問う」。これが最初の文章ですが、これはなかなか変った表現です。本来なら「因みに僧、婆子に問う」で始まっていいわけですが、わざわざ「趙州」と付けています。つまり「趙州」という人が、この文章の主人公である、とくにこのような意味で「趙州」と最初に出しているわけです。趙州和尚が関係するエピソードを、これから話しますよ、と。この僧はたぶん趙州和尚の弟子ですが、その弟子がおばあさんに問うた。

この婆子は、「台山《たいざん》」のふもとの、どうも茶店のおばあさんのようです。台山というのは五台山といって、中国の四大霊場の一つです。日本にも四国八十八ヶ所霊場巡りなどがありますが、とくに中国の方々は、この四大聖地をお参りすることが一生の願いといいましょうか。四大霊場とは、峨眉山《がびさん》と、天台山《てんだいさん》と、普陀山《ふださん》と、この五台山《ごだいさん》です。

天台山は、皆さんご存じだと思いますが、浙江省にあります。普陀山というのは、同じく浙江省の舟山群島の海上の島。ここは観音霊場として有名です。補陀落山《ふだらくさん》とも言います。山西省にあるのが五台山で、四川省にあるのが峨眉山です。峨眉山は、弥勒菩薩を本尊としています。五台山は、文殊菩薩です。ですから、禅宗に関係するような修行僧は、たいてい五台山に上ります。

五台山のふもとでおばあさんが茶店を営んでいた。一人の修行僧が、その五台山に登ってきた。行脚してきたわけです。茶店で一服して、この婆子に問う。「台山《たいざん》の路、甚《いず》れの処《ところ》に向かって去る」。

日本でしたら、この正眼寺の門前辺りで、「正眼寺はどこですか」と問うと、指さされて「あそこですよ」と言われれば、安心して「ありがとう」となりますね。しかし、中国という国は大きな国です。五台山というのは山ですから、山のふもとで「五台山のお寺はどこですか」と聞くのは、まことに当たり前のこと。なぜというに、寺が見えない。それほど山が大きい。見えないのですから、「どちらに行ったらよろしいか」と聞くわけです。もちろん、ふもとの道も幾つもあります。

そうすると、このおばあさんは何と答えたか、「婆云く、驀直去《まくじきこ》」。「驀直去」は驀進の「驀」でもありますけれども、「まく」とわざわざ読ませます。「驀直去」というのは、真っすぐに行きなさいよという意味です。それはありがたいことです。真っすぐ行けと言われたならば、道を探している人にとって、実に親切な指示の仕方です。「右に曲がって、左に行ってから、ちょっと斜めに下って」などと言われたら、もう一度聞いただけでは覚えられない。「真っすぐ行け」が一番簡単で、これほどありがたい指示もありません。

そこで、「僧纔《わずか》に行くこと三、五歩」。この僧は「ああ、ありがとう」と数歩、歩き出した。

すると、このおばあさん、その僧の背中に向かって、このような言葉を言った。「婆云く、好箇《こうこ》の師僧、又《ま》た恁麼《いんも》にし去る」。これはもう何となく分かるかと思いますが、「立派なお坊さんが、また私の言った通りに行かれるなあ」という表現です。

じつはこの言葉には、とげがある。どういうとげがあるか。私はこのように訳します。「あのばか坊主め。わたしの言うことを真に受けて、ふらふら行きよるわい」。すると、そのままで済めばいいんですが、この修行僧の耳に届きますので、一瞬後ろを振り向いて「なにごとか」と、おばあさんを見るわけですが、その振り返ったときには、おばあさんはさっさと店の中に入っている。何ともこれでは返答のしようがない。この婆子、修行僧に必ずこういうことをしたという、まことに恐ろしい人といえます。

趙州和尚

さあ、これがいつの間にか、この主人公であります趙州和尚のところに伝わってきた。趙州和尚という方は、唐の時代の八世紀から九世紀に活躍された。西暦でいいますと、七七八年に生まれて、八九七年に亡くなっています。計算の得意な人は、一瞬にして「えっ」と思われたでしょう。一二〇歳で亡くなったわけです。この記録、現代でもたぶん、ギネスブックの世界一の長寿者になると思いますが、今からもう千二百年以上も前の話です。その当時に一二〇歳ということになれば、もうこれは「傑物」ということを越えて、「化け物」という表現が当てはまる人でもあります。

日本でも道元禅師をはじめ名だたる禅者がみな、この趙州和尚を尊敬しております。もちろん単に長生きだけで尊敬されたわけではありません。じつにその一二〇年間の一生が、当時も今日までも光り輝いている。とりわけ「口唇皮禅《くしんぴぜん》」という表現をするのですが、話される言葉がいかにも光を放っているように際立っていた。それくらいすばらしかったというのです。こういう方は珍しい。禅僧の傑出した方々には有名な代名詞が付くのですが、例えば、臨済禅師は「喝」、徳山禅師は「棒」とか、一種のニックネームですが、この趙州老師は「口唇皮禅」という一風変わった表現がされております。

その趙州さん、その頃まだ二十歳前だと思うんですが、修行僧のとき、当時、大変に中国全土に名の知られた禅僧がおられた。南泉普願《なんせんふがん》禅師という方です。この南泉禅師の下で修行を始めようと、はるばる訪ねてきたのです。南泉禅師に初相見、つまり老師にお会いできた、そのときに、老師から幾つか質問がありました。「おまえさん、どこから来たかな」、「生まれはどこかな」、「師匠はどなたかな」という質問がされたわけですが、その後に「この間まで、どこにいたかな」という質問をされた。趙州は「瑞像《ずいぞう》」と答えました。

「瑞像」というのは地名です。現在は、その名称の場所はないと思いますが、大変に神々しいというのか、美しい仏像がその町にあったそうです。その仏像があまりに素晴らしいものですから世間で有名になりまして、瑞像という地名が付いたということになっております。「瑞像というところで修行をしておりました」、「うーん、そうか。ならば、おまえさん、瑞像を見たであろう。その素晴らしい仏像を見たであろう。それをどう思ったかな」と、こういう質問をされたそうです。すると、普通でしたら「素晴らしい仏さまで、神々しくて自ずと手が合わされました」などと言うでしょうが、「瑞像は見ませんでした」と答えた。

正眼寺の開山さまもそうですね。鎌倉から京都まで上られるときに、師の大燈国師から質問されます。「途中で富士山を見ただろう。富士山をどう思ったか」。すると、開山さまは「吾れ富士を見ず」と言われた。これもまた素晴らしい応答です。

趙州は「私は瑞像は見ませんでした。瑞像を見ない代わりに、臥如来を見ております」と、こう言ったのです。つまり、たまたま片肘をついて横になっておられた南泉禅師を、如来と見たわけです。「臥如来を見たり」と。そして、その上にさらに、「和尚万福尊候」と言ったそうです。これは「老師さま、ご機嫌うるわしゅうございます」という意味です。

二十歳前です、何とも「後生畏《こうせいおそ》るべし」。じつに働きのある青年僧だなということが、このエピソードから分かります。天下の大老師に向かって、それも横になってくつろいでいるところにわざわざ入っていって、いろいろな質問に素直に応えながら、「瑞像を見たかね」という質問を受けた。これは、「その仏像についての感想を言え」なんて言っているわけでないことは、それとなく誰にも分かりますが、趙州青年は、ですから「瑞像を見ず」と言った。

もちろん、彼は見たに決まっています。瑞像に一月も二月もいれば、見て拝まないわけがない。でも「瑞像を見ず」と言った。瑞像という地名のところにいたときには、瑞像の形を見たけれども、その本質をまだ私は見ていないと言いたかったのでしょうね。それなのに、ありがたいことに、いま私はここにその本質である「臥如来を拝んでおります」と言ったことになります。だから、「私はもうあなたの弟子ですよ」と言ったことにもなります。「弟子にしてください」ではない、「弟子ですよ」と言ったのです。恐ろしい青年だと思います。

「梅檀《せんだん》は双葉《ふたば》より芳《かん》ばし」と言いますが、まことにその働きは見事。そして、五十七歳までこの南泉禅師の下で修行されます。ついに「大事了畢《だいじりょうひつ》」といって、南泉禅師の法をすべて嗣《つ》いでしまった。受け取ってしまったんですが、そこで南泉禅師が遷化、亡くなられます。そこで三年間、喪《も》に服します。これは中国の習慣とはいえすごいこと。今は喪に服すといっても、四十九日までやってくれれば立派なもので、もう亡くなった途端に喪が明けているような感じが世間では珍しくなくなりました。昔は、「三年、喪に服す」という言葉がありました。一切戸外に出でず、ただ師匠の追悼をする。

三年たって六十歳になりました。還暦です。ここからがまたすごい。そのまま南泉山に残っていればその後継者ですが、そこに残らずに再行脚《さいあんぎゃ》に出ます。再行脚に立たれるときに、こう言われたそうです。「もし七歳の少年でも、我に優るところあれば、足下を礼拝して教えを請う」と。自分より小さな子どもでも優れたところがあるならば、ひれ伏してでも教えを請うというのです。

しかし、「もし百歳の老翁でも、我に劣るところあるならば、これを教え導こうではないか」と、そういう願を立て行脚に出られたのです。

その年数が二十年、八十歳まで。雲水修行をもう一度されたわけです。一所不住で、屋根の下でゆっくり休むことなどはされない。恐ろしい方です。八十歳までそのように過ごされて後に、――趙州和尚は山東省の曹州府のあたりに生まれたのですが、隣の河北省の石家荘という地名が今ありますが、そこからさほど遠くない趙州城というところに落ち着かれて、観音院という寺に入られます。この観音院で一生過ごされ、一二〇歳まで四十年間、法を説かれた。今でも観音院という寺はありますし、趙州塔という墓地もございます。

ちなみに、石家荘には有名な臨済禅師の住持された臨済寺がありますが、その臨済寺からそんなに離れておりません。臨済寺から南の方向にしばらく行けばこの趙州のおいでになった観音院があります。このようなお方だということを知っておいて、この文章を読み進めていきます。

「婆子を勘破する」

「後に僧有《あ》って州に挙似《こじ》す」というのは、趙州和尚にある僧がこの婆子の話をした。ですから、最初の「僧、婆子に問う」の「僧」と、ここの「僧」というのは、同じ人ではないと考えていいわけです。何人も五台山に登っていく修行僧が同じ質問をする。「五台山にはどう行ったらいいかね」、そうすると「真っすぐに行きなさいよ」と、これを誰にも同じように言って、「好箇の師僧、又た恁麼にし去る」と、かならず後姿に言ったものですから有名になった。

たまたま趙州和尚の弟子が五台山に上山して、同じように質問して同じように言われた。ですから、そのことを趙州和尚に告げたわけです。すると、「州云く、待て」。「よし、分かった。だが少々、待ちなさい」と。「我去って汝が与《た》めに這《こ》の婆子を勘過《かんか》せん」。「おまえさんたちのために、その台山の婆子の腹の中を見てこよう」と、こう言って翌日に出掛けられた。「明日便ち《みょうにちすなわ》去って亦《ま》た是《こ》の如く問う」。五台山とこの観音院との距離はどのくらいかというと、現在でも汽車に乗り継いで太原という駅で降り、そこからさらに北の方面に五台山があります。数時間かかりますので、歩いていけばたぶん、二日や三日はかかるでしょう。しかし、翌日直ちに行くというところがありがたい。法のためには身命を惜しまずというのですが、命をもかけていくということを、我が身をもって示されたわけです。

そして、例の如くこの茶店で「五台山への道はどう行ったらいいのかな、おばあさん」。そのように問うたところ、また「真っすぐ行きなさいよ」と、こう言う。すると、すぐ趙州が三、五歩行きますと、その後ろ姿に向かって「好箇《こうこ》の師僧、又《ま》た恁麼《いんも》にし去る」。この場合には、「好箇の師僧」という言葉を使ったかどうかは分かりません。「好箇の老僧、又た恁麼にし去る」と言ったかもしれません。趙州はいかにも老人ですから。「老僧」というのは「老人」という意味もあるのですが、尊敬の意味もあります。「尊いお坊さん」ということです。

そのように言われて、趙州は何も応えず、また五台山に登らず直ちに踵《きびす》を返して、趙州城観音院に帰ってきた。「州帰って衆に謂《い》って曰く」、そしてこのように言った。「台山の婆子、我れ汝《なんじ》が与《た》めに勘破《かんぱ》し了《おわ》れり」。「おまえたちのために、このばあさんの腹の底を見破ってきたぞ」と報告されたという。

内容は何となく分かっていただいたと思いますが、真意は「さて何だろうな」と思われたはずです。しかしそれはそれで、置いておいてください。これが本則、つまり本文です。

「二り倶に過有り」

それに対して、無門禅師がコメント、評をされたのが、次の「無門曰く」以下です。「無門曰く、婆子只《た》だ坐して帷幄《いあく》に籌《はか》りごとを解《げ》す」。「帷幄」というのはテントのことです。第二次大戦のときに、「大本営」などという言葉がありましたが、そういう戦いの指導者、将軍や参謀がいる場所を「帷幄」というわけです。その帷幄の中で「籌りごとを解す」というのはどういうことかというと、その中で作戦を立てるという意味で、その作戦がピタリ、ピタリと合えば戦いが有利に進む。場合によっては勝利につながる。ですから、参謀という作戦を立てる人が大事。この戦いの先端で戦うのは兵隊ですが、参謀、将軍の作戦によって動かされる。その指示にきちっと従うからこそ、戦さになるわけです。

その作戦を練ることを、「帷幄に籌りごとをする」というのです。これで有名な人がいます。漢の高祖、劉邦、その実質的な敵は常に項羽でした。その項羽は「力、山を抜く」と言われた人です。それほど強力で大豪傑です。劉邦という人は、江蘇省の沛の新豊という国から出て来た田舎者で、ヤクザ上がりだなどと言う人もいますが、大変に徳のある方だったようです。しかし、項羽と戦うこと百戦して百敗だったそうです。しかし、最後の百一回目、垓下の戦いで勝った。そして、漢の国を樹立したという。

その中に張子房という大変な参謀がいたのです。劉邦がナンバーワンだとしますと、張子房という人はナンバーツーです。ナンバーツーが大変な智謀者だった。この張子房のおかげでもって漢の国が樹立できたということになっていますが、もちろん、智謀だけでは帝国は成りません。

その張子房は常に帷幄にいるだけで、戦いの先端には出ていきません。いつも、テントの中で作戦を練るだけの人でした。そのことを、ここに表現しております。籌りごとをテントの中でして、しかも一切を見抜いているということです。いったい、これは誰か。このおばあさんがそうだというのです。まさに、茶店の中で五台山に登る僧を一人一人点検して、その腹の底まで見抜いている。

しかし、「要且《ようか》つ賊を著《つ》けて知らず」。確かに、名参謀であるが、少し油断したな。なぜというに、趙州という大盗賊を入れたではないか。趙州和尚がこのばあさんに、「五台山への道はどう行ったらいいのかね」。するとこのばあさん、「真っすぐ行きなさいよ」。そうして、その後ろ姿に向かって、「好箇の師僧、又た恁麼にし去る」と、こう浴びせかけたのですが、確かに今までは、茶店の中にいて台山に登る修行僧の一人ひとり、その力量を見抜いていたかもしれないが、ついに一人、大変な大泥棒を見逃してしまった、ということです。

その趙州和尚は、「善《よ》く営を偸《ぬす》み塞《さい》を劫《おびや》かすの機を用ゆる」。つまり、作戦本部の中まで、ぐっと乗り込んで一気に勝負をつけてしまおうという大力量の大盗賊である。さらに「又《ま》た且《か》つ大人《たいじん》の相《そう》無し」。とはいいながら、趙州和尚もいかにも大人げないではないか。九十歳にもなっていながら、何とも大人げないまねをしたなというのです。このばあさんを、よく導いてあげればよかったものを、ということころです。

「検点《けんてん》し将《も》ち来たれば、二り倶《とも》に過《とが》有り」。趙州和尚も、この茶店のばあさんも、私、無門がよくよく点検してみるならば、二人共に間違いがあるぞ。素晴らしい働きをしているように見える、しかしまだまだ、失敗があるぞ。

いったい、この「過有り」のところというのは、どういうものなのかということですが、「且《しば》らく道《い》え、那裏《なり》か是れ趙州、婆子を勘破する処《ところ》」。それだからこそ、さあ皆の者、ここをよくよく見て一言いってみよ。いったい、趙州和尚はこのばあさんをどのように見抜いたのか。あるいは、ばあさんこそ見抜いたのか。このあたりのところを、おまえたち、どう見るかな、というのが、「且らく道え、那裏か是れ趙州、婆子を勘破する処」です。

「飯裏に砂有り」

次に、それを受けて「頌《じゅ》に曰く」というのは、これは四言句になっていますが、詩によって、評を補足しているのです。「問《もん》既に一般」とは、趙州も台山に登る修行僧も、皆同じ質問をします。「台山の道はどう行ったらいいのか」。すると「答も亦《ま》た相い似たり」。答えもまた一緒です。「驀直去《まくじきこ》」、真っすぐ行きなさい。しかし、この問いにも答えにも、「飯裏《はんり》に砂有《いさごあ》り」と。

今日、私の提唱の後は、ピアノ演奏を聴いていただき、その後に、飯台での食事になります。昼ご飯、斎座《さいざ》といいます。そのご飯の中に、石が入っていたら大変です。私がここに入門した頃には、たまにありました。食事中に「ガリッ」、「バリッ」という音がする。雲水、だいたいは石ぐらいバリッと砕く。砕いた後どうするか。もう構わない、ガリガリ、ガリガリッと、胃の中でちゃんとおさまるだろうというぐらいで、飲み込んでしまいます。じつは、これはよくない。危険ですね。軟らかいものを噛んでいるつもりで、固いものがガツッと当たれば、歯を折ってしまうかもしれないし、あごを痛めるかもしれない、そのまま飲み込んでしまえば胃の中でいたずらをするかもしれない。飯の中に石が入っていることは非常に危険です。

それと同じように、「泥中《でいちゅう》に刺有《いばらあ》り」。今は、素足で泥水の中に入って何かするということは、なくなりましたが、もし田植えの頃に田んぼの中に入って、素足で田植えをして、その中に釘があったり、とげがあったとしたら、これは危険なことです。

だから「飯裏に砂有り、泥中に刺有り」とは、両者の間の問答はそういう危険な問いであり、答えであったぞと言っている。しかし、実際にはこの「とげ」や「砂」は趙州老師と婆子の間には、ない。と言うよりもお互いの間では、砂もとげも、大して意味がない。ところが、これが役に立っている人たちがいる。どういう人たちかというと、ふらふらと歩いていった修行僧がたくさんいます。

「台山の道はいったいどう行ったらいいのかな」、「真っすぐ行きなさい」、「ふん、分かった」と、ふらふらと行くその僧の後ろ姿に向かって、「好箇の師僧、又た恁麼にし去る」。このとげをブスッと刺したわけです。どこに刺さったか分かりませんが、胸に刺さったなら、これはきつい。これから何日も、何ヶ月も、何年も、そのとげが刺さったままでこの雲水を苦しめる。もし砂があれば、ガリッとやって身体を痛めてしまうかもしれない、心を痛めるかもしれない。それが治るのに、何ヶ月も、何年もかかる。というように、このとげにしろ、砂にしろ、雲水の心根を悩まし、苦しめるわけです。

表面的には簡単な文章だと思います。そして、皆さんの頭の中にも、この映像が浮かんだことと思います。五台山という立派なお寺がある。そのふもとに茶店があって、一人のおばあさんがいる。修行僧やら、参詣客のために、お茶を出している。まんじゅうでも、毎日つくっているのかもしれない。

普通の人には、「お茶ください」と言われたら「はいどうぞ」とお菓子とお茶を出して、「三〇

○円ですよ」とやるわけです。ところが、修行僧が来た場合には、お茶やお菓子は出すけれども、その後で「台山にはどう登っていったらいいのかな」という質問を受けたときに、「真っすぐ行きなさいよ」といつも答える。答えて、その後ろ姿に「好箇の師僧、又た恁麼にし去る」と言葉を浴びせかける。

この話が趙州老師のもとに伝わって、「待て待て。それならわしが、そのばあさんの腹の底を見破ってこよう」。翌日、直ちに五台山に向かって出発されて、ばあさんに会って同じようにお茶をいただいた後に、「五台山の道はどう行ったらいいか」。そうすると、同じようにかくかくしかじかとなった。それだけのエピソードです。何のことはないのです。ところが、ここに「飯裏に砂有り、泥中に刺有り」。これで、ブスッと胸にとげが刺さった方は、まことにこれから修行する人です。

「驀直去」

「驀直去《まくじきこ》」という言葉がありました。真っすぐ行きなさいということです。真っすぐ行きなさいというのは、いったいどういうことでしょうか。

我々の世界に、「一行三昧《いちぎょうざんまい》」という言葉があります。これは、臨済録の中にもあります。臨済禅師の一生を「行業純一《ぎょうごうじゅんいつ》」と表現をした人もいますが、まことに「一行三昧」です。一つの行でもって三昧になる。三昧になるということは、深い集中をするということです。三毒である貪《とん》・瞋《じん》・痴《ち》を昧《くら》ますから三昧というなどと、わざわざ説明をすることもありますが、一つのことに集中する。一行に専心して余念なしというのが、「一行三昧」ということです。

「驀直去」というのは「真っすぐ行け」ということですが、ところが皆さんも経験のあることでしょうが、私も受験勉強のときは、ラジオを聞きながらやった。そのころはバックグラウンドミュージックがないと、なかなか勉強が進まない。しかしそれでは、ある程度の集中はできても、本当の集中はできないと、今でこそ思い至ります。もちろん、音楽によって集中を助けてもらうという効果もありますが、この「ながら」をしながら一つのことを行うということは、あまりいいことではない。

まさに、修行も一緒です。「真っすぐ行きなさい」。そのときに、この僧は真っすぐに形だけは行く。しかし、心が真っすぐかどうかです。五台山を一心に目指して登っていくかどうかです。「さきほど『真っすぐ行きなさい』と言われたが、あのばあさん、うそついたんじゃないだろうな」なんてことは思わないとしても、「さあ、五台山でどのような修行をしようか」とか、「五台山の老師に会ったならば、どういう質問をしようか」とか、そういうことを考えながら登っていくものです。それは、悪いことではないように見えますが、一心ではない。なかなか「驀直」に歩いていくことは難しいものです。

この間、ある雑誌に非常に興味深いことが書かれておりましたので、それをちょっとご紹介したいと思います。野球の王貞治さんと荒川博さんのことです。

王さんのことは皆さんご存じですね。ホームランを八六八本でしたか、これはもう世界中で、誰も抜けないようなホームラン記録です。この王さんを指導した方が荒川さんです。荒川さんがあったからこそ、王さんは世界の王になったと言ってもいいぐらい、王さんと荒川さんはピタリと一つになって、「世界の王」を育て上げたのです。

その経緯はともかくとして、「うーん」とうなってしまったのが、荒川さんが王貞治少年に会ったときの話です。中学二年生のときだったそうです。多摩川の河川敷のグラウンドかどこかで、中学生たちが試合をしていた。そこを荒川選手、そのときはまだ選手だったそうですが、シーズンオフで散歩をしていた。

何げなく子どもたちのプレーを土手の上から見ていた。すると、一人非常に目立つ、輝いている少年がいる。それが、王少年だった。左投げのピッチャーで、その球がうなるようで中学生離れしていた。「すごい少年だな」と思って見ていた。ところが、バッターボックスに立ったときに「あっ」と驚いた。なぜ驚いたかというと、左投げなのに右バッターボックスに立ったのだそうです。

その当時、左利きの人はよく矯正されましたね。右利きにしなさいと、まあ、左投げはしょうがないとして、打つ方は右でと周りから勧められたのでしょう。その試合で、王少年は最初の打席で凡打だったそうです。二度目も凡打だった。三打席目に、荒川さんは土手を降りて、王少年のところに真っすぐ行った。そして「君は左投げのピッチャーだね」、「はい」。「どうして右で打つのかね」、「もうずっと子どものころから右で打ってます」。「ふーん。じゃあ、次のバッターボックスでは左で打ってごらん」と言ったそうです。

荒川さんのことを、王少年は知らなかったらしい。けれども、いかにも体のがっちりしたスポーツ選手のような人から、そういう指示を受けたわけです。そのときに、普通の子どもだったらどういうふうに受け答えをするか。「でもぼく、左で打ったことないんですよ」とか言いませんか。「それなら、コーチしてあげるから、こうやってやるんだよ」とかなるでしょう。ところが、王さんはそれを聞いた途端に「はい」と答えた。

一言、「はい」と。その「はい」を聞いて、荒川さんはブルブルッと来たそうです。感動してしまった。中学生の少年が、縁もゆかりもない人間から、「今度、左バッターボックスで立ってごらん」と言われた途端に、「はい」と答えた。その一言だけです。「やってごらん」と言われて、左バッターボックスに立って打ったところ、なんと二塁打だったそうです。

このことは、王さんは覚えていたそうですが、二塁打を打ったということは記憶になかった。ただ、そのように言われたということだけは、ずっと記憶されていた。荒川さんは、逐一覚えていて、まさにその「はい」に感動してしまった。そして直ぐ思ったそうです。この少年を育てようと、そう決意した。一生を賭けてでも、この少年を育てようと決意してしまった。「はい」の一言で。

まだ、海のものとも山のものとも分かりませんよ。確かに素質は輝いていますが、しかし、この少年を一生育てようと思うほどの、「はい」という返事だったそうです。まことに、この「驀直去」です。「真っすぐ行け」と言われて、「はい」と答えた。

これは、雲水、修行僧もしかりです。「驀直去」と言ったときに、「はい」と、スカッと答えられるかどうかです。一声、真っすぐに「はい」と答えたならば、「好箇の師僧、又た恁麼にし去る」などと、この婆子は言わないことでしょう。

では、趙州和尚は大老師なのに、なぜ「好箇の師僧、又た恁麼にし去る」と言われたのかということです。それは、婆子にわざと言わせたのです。ここのところは「飯裏に砂有り、泥中に刺有り」という、名人同士の出会いでお互いにとげを隠し持ってチラチラさせながら問答したということです。何のためにか。まさに後世のためにです。

おじいさん・おばあさんとは何か

先ほど読んでいただいたのは、坐禅和讃ですが、この坐禅和讃をつくられた方は、白隠慧鶴という方です。五百年に一人生まれるかどうかという大天才の一人ですが、この白隠禅師がこの「趙州勘婆」のエピソードを「大変な話だぞ」と言われています。「難透《なんとう》」と言われた。「難透」というのは、このエピソード全体を「公案」というのですが、つまり修行の一つの大事な材料であります。それには、初歩的な公案もあります。それから、中程度のものもありますし、文字言句を駆使しなければならない公案もあります。それを越えて、さらに難しいものを、「難透」といいます。「難透難解《なんとうなんげ》」ともいいます。

その「難透」の公案をいくつか越えないと、修行者も本物にならないといわれる。その一つがこの「趙州勘婆」という公案です。表面的には簡単です。簡単ですが、奥深いところは何ともこれは歯が立たないという内容の公案なのです。

そして、こういうことに向かって修行者は日々精進していくわけで、まさに一生の修行です。趙州老師は六十歳になって、二十年間の再行脚をされている。そして、その後の人生をすべて法のためにささげられた。百二十歳まで四十年間です。こういうことを、「更に参ぜよ、三十年」と表現しますが、改めて、一生修行であると思うのです。

これはしかし、我々だけではありません。去年、京都でちょっとしたシンポジウムがありまして、私も参加させてもらいました。自分も話をしなければならない立場だったのですが、私以外の方々はすべて科学者でした。それも、先端科学、物理とか工学の人は少なかったのですが、バイオとか、生物学関係の専門家でした。医学者も何人かいました。

そのメインテーマが、「生老病死」ということでした。「生老病死」というのは、生まれて、老いて、病をえて、死ぬという、生命あるものの宿命ですから、坊さんである私が呼ばれたということもあります。その主催元が大学時代からの友人で現在、京都大学の教授で日本モンキーセンター所長でもある松沢哲郎先生です。その中で、「うーん」とうなる話がいくつかありました。どういう話かといいますと、これは松沢先生が司会でしたから、彼がこういう話をしてから、皆さんの話を引き出したわけです。

彼はチンパンジーを含めた霊長類の研究者ですので、チンパンジーを話題にしましたが、その中で人間と他の生きものとの大きな差は、赤んぼうの寝姿にあると言います。人間の赤んぼうは仰臥して寝ることができる。おなかを見せて手足を投げ出して寝ます。ほかの動物は、絶対こういう姿をしません。猫でも犬でも、そうです。時々、猫とか犬は慣らすと仰臥することができますが、じきに普通のうずくまる寝方になる。人間の赤ちゃんだけは、全部をさらけ出すような寝方をする。

それでは人間に一番近い霊長類、チンパンジーとかオランウータンの赤んぼうは、仰臥して寝させたらどうなるかということを実験で調べた。するとしばらくはあおむけの体勢ですが、時間がたつとすぐに変わるそうです。どういうふうに変わるかというと、必ず、手を上げると、足もそれにつられて動くんだそうです。左手を上げた場合には、右脚がこう上がってきて、左脚が真っすぐになる。つまり、その手と対角の足が、何かにすがり付こうという無意識の行動をするそうです。唯一、人間だけが全然、無防備。「どうにでもしてくれ」といわんばかりに寝る。それ以外の動物は、絶対そういうことはしません。つまり、ここが大きな違いだというのです。ほんとうに驚きますね。

それから、これがそら恐ろしいというか、すごいなと思ったのが、この「婆子」ではないですが、人間には、おばあさん、おじいさんがいますね。いまここにも家では、おじいちゃん、おばあちゃんと呼ばれている方もおられると思います。でも松沢先生は、「ほかの動物には、おじいさん、おばあさんはありません」と、こう断言する。我々なら、「そんなばかな話はないじゃないか。うちのタマは五年前に子どもを生んで、雌の子猫が生まれた。それが昨年、その雌の子にまた子どもができて、これでタマは立派なおばあさんじゃないか」ということになります。

ところが、そのままでは済まさない、ここが研究者です。「人間のおじいさんとかおばあさんというのは、どういう意味ですか」と、逆に質問される。おじいさんとか、おばあさんというのはどういう人たちですか。「うーん」と考えますね。おじいさん、おばあさんって何だろうなと思います。

孫が産まれたから、おじいさん、おばあさんと、我々は認識していますが、一般生物のレベルで考えたらどうかというと、それは違うそうです。おじいさん、おばあさんというのは、要するに子どもが生めなくなった個体をいうそうです。これは、男性も女性も、雄も雌も一緒です。子どもを生産するという行為をしなくなったら、おじいさん、おばあさんと、生物の世界ではいうのだそうです。だから、おじいさん、おばあさんというのは、普通の生物の世界にはいない。いないということはどういうことかといいますと、死ぬまで子どもを生んで育てるということです。それで産めなくなったら、死んでいくそうです。

では、一番人間に近いチンパンジーはどうでしょうか。チンパンジーは十五歳ぐらいで成人になるそうです。寿命は六十歳ぐらい。十五歳から、要するに生殖して子どもを生むようになる。そして五年おきに子どもを生むそうです。生涯で八人ぐらい生む。一般には八頭ですが、八人と先生は言ってました。もうチンパンジーが家族のようになっていますから、「八頭」などとは言わない。話に熱が入ってきますと、「チンパンジー」とも言わない。彼女とか、彼氏となっていました。そういうふうになるものらしい。

そこで、十五歳から五年おきに六十歳まで計算しますと、五×八＝四十で、十五から五十五でしょう。ですから、だいたい七人から八人、生むのだそうです。必ず一人ずつだそうです。双子はめったに生まれない。そして、最後の五十五歳ぐらいになって、もうこれ以上生めないと分かる。そうしますと、その最後の子どもを五年間かけて育て上げて、あとはもう一切リタイアの格好になって、それからわずかな間に亡くなってしまうそうです。これは雌の場合ですが、雄は生ませることができなくなったらリタイアして、それからわずかな時間で亡くなっていく。同じ理屈です。

ですから、おじいさん、おばあさんという時間がないのだということです。余生がないということです。子育てが終わると、もう全くあとは時間がないと。唯一、人間だけがあるという結論でした。

人間の特性というのは、さっき申しましたように無防備の体勢で寝る。赤んぼうも、我々大人もそう。無防備な格好で寝ることができるのが、人間の特性の一つ。それからもう一つは、余生が長い。おじいさん、おばあさんを、長年にわたって体験できる。これが人間の特質なんだそうです。

途端にそれをフォローする研究者がいまして、今度は医学者の方です。「じゃあ、ネアンデルタール人とか、北京原人の時代は、人類の寿命はどのくらいであったか分かりますか」という話になった。私はそれを聞いたときに、「まあ、おじいさん、おばあさんが少しはいただろうから、三十歳か三十五歳かな」と思った。

ところが、ネアンデルタール人の寿命、北京原人の寿命、あるいはアフリカの最初の原人の寿命は、十五歳以下だそうです。だから、四十歳ぐらいまで生きた人もいるかもしれないけれども、十二、三歳が平均寿命。ということは、どういうことか分かりますか。十何歳ぐらいで子どもを生んでいるということです。そうでなければ人類が滅亡してしまう。

では現代の人類になって、古代の頃、お釈迦さまが在世のころ、紀元前四世紀、五世紀の頃は、いったい何歳ぐらいだろう。ここまでくれば三十五歳ぐらいかなと思ったら、まだ二十歳だそうです。では、さらに時代が下って十五世紀頃、——十五世紀というと、日本では室町時代とか、安土桃山時代です。中国では、この無門関が編集されたのが宋の時代ですが、宋から百年ほど後、明になる時代がそうです。その当時も二十歳。じつは十七世紀になるまで二十歳ぐらいだそうです。十八世紀になって三十七歳ぐらい。十九世紀で四十三歳。二十世紀の後半になって、やっと六十歳とか七十歳になって、現在は八十歳ぐらいになる。

ですから、近年になって、人間がおじいさん、おばあさんにようやくなれたということが分かります。それ以前は、なかったといっても過言ではない。ですから、人生五十年とかいう時代には、おじいさん、おばあさんとして孫を抱いているような時間はそんなにはなかった。

でもこういう結論では、つまらない話ですね。何が言いたいかといいますと、唯一この近代になって、人類である我々は時間をたくさんいただくことになった。つまり、子育てが終わってから、さらにそれまでと同じくらいの時間を生きることができる。世間的にはおじいちゃん、おばあちゃんと言われますが、その時間を享受できる、生かせる時代になったのだということです。そこを我々は素直に受け取って、「蓊直」に自分がこの世に生まれてきた本当の意味というものを、見つけなければならないのではないかと思います。

つまり人間、三十代、四十代までは、子どもを育てることに精一杯です。これは、言葉は悪いのですが、ある意味で単なる生物レベルの問題なのです。「若い人はいいな」なんて言います、「未来がいっぱいあって素晴らしい」とか、「元気でいいな」とか言いますね。しかし本当は、六十代、七十代になって、もう生物としての役目が済んだ、言い方はあまりよくはありませんが、そうなったときに、初めて人間らしさが現れてくるのではないかと思います。

「まあ、六十歳くらいから、人間になっていくんだよ」と、そう言った文学者の方がおられます。なるほどなと思います。人間の特質は二つしかないのです。一つは無防備な寝方をすること、これは、あえて意味づけをすると、我々は守られているということでしょうか。もう一つは、おじいさん、おばあさんの時間がいただけたということです。それが人間の特質ならば、六十代、七十代、それ以上の方は、それこそ、いまこそ人間としての意味をしっかりとつかむべきときが来たのだと、このように自覚すべきだと私は思います。

「一生修行」

ですから、趙州老師を見てください。六十歳からですよ。いつか野垂れ死にしてしまうかもしれないのです、行脚に出るということは。毎日、屋根の下で寝ることができるという保証はない。今の時代でもそうです。行脚に出た場合には、屋根の下に寝ることができるかどうか保証のかぎりではありません。寺で投宿を頼んでも、断られたらおしまいですから。やはりその時は野宿です。托鉢しても所得がなかったら、つまり、どなたも恵んでくれなかった場合には、食べることもできない。

現代でもそうであるのに、いまから千二百年も昔に、六十歳になってから、再行脚に出られた。その当時の平均寿命は、だいたい二十歳から三十歳ですよ。ですから、もう六十歳になったということは大長老ですよね。その時代でそんな長生きをした人はいないというくらいなのに、そこからわざわざ大変な苦労を、自分から求めて出て行かれたわけです。

これはなぜかといえば、やはり確固たる自信を自分の中に確立するためです。もちろん、さっき申し上げたように、たとえ七歳の子どもでも自分よりも優れたところがあるならば、頭を下げて足元にひれ伏して教えを請う。しかし、百歳の老人でも自分より劣っているならば、彼を導いていこうという願いを持って、世間に出られたわけです。境涯の一層の向上と慈悲の世界を体現するために行脚に出られて、二十年間大変なご苦労をされたのですが、そこで確立されたものを、あとの四十年間、修行者たちのために全身全霊をもって教え尽くされた。

教え導くということは、なにも懇切丁寧に「こうなんだよ、ああなんだよ」と手取り足取りで教えるのが、本当の教育ではありません。どうしても自分で正さなければならない、体得しなければならないような心の疼きを与えることが、時として本当の修行、本当の教育になります。そういう趣旨がこの「趙州勘婆《じょうしゅうかんば》」の一則なのです。

時間が来ましたので、これで終わりにしますが、実際、修行の世界というのは、まことに日々同じことを繰り返しております。学得底《がくとくてい》というよりも、体得底《たいとくてい》を重んじる世界です。頭で理解するだけでは、その人の血肉になりません。真に身になり、骨になり、肉になり、血になるには、体得底ということしかないのです。

体得底というのは、先ほどの「驀直去《まくじきこ》」と言われたときに、歩きだす最初の一歩から、その人の体得底がしっかりと出ているということです。頭ではたくさんの知識がある。それが、歩いている人の中に学得底としてあったとしても、それだけでは足りない。学びえた知識が知恵となって体得底として、その人に現れてこないと意味がない。私が一生修行だというのは、そういうことです。確かに誰しも、それなりの立場になれば人から敬われるようなこともあるかもしれませんが、本当は後ろ姿に手を合わせていただけるような、そういう人にならなければならないということです。

この婆子はおそらく、趙州老師を後ろから見ながら、「好箇《こうこ》の老僧、また恁麼《いんも》にし去る」と言われたには相違ないのですが、その後ろ姿に手を合わせているということが何となく感じられます。そういう人にならなければならないと思うのです。一生修行というのは、まことに我々が自分自身に向かっていうべき言葉です。

先ほど申し上げたように、人間は六十歳、七十歳になって初めて、人間性を求めて、そしてそれを確立できる年代になったのだということです。どうぞこれを忘れないでいただきたいと思います。そして趙州老師のように、百二十歳で亡くなるときまで、一生自分の務め、人としての務めを果たし続けて生き抜いた人がいたということを、心に留めていただければありがたいと思います。

有言を問わず、無言を問わず——外道問仏（第三十二則）

世尊、因みに外道《げどう》問う、「有言《うごん》を問わず、無言《むごん》を問わず」。世尊拠座《こざ》す。外道賛嘆《さんだん》して云く、「世尊は大慈大悲《だいずだいひ》にして、我が迷雲を開き、我をして得入《とくにゅう》せしめたまう」。乃《すなわ》ち礼《らい》を具《ぐ》して去る。阿《あ》難《なん》、尋《つ》いで仏に問う、「外道は何の所証《しょしょう》有ってか賛嘆して去る」。世尊云く、「世の良馬《りょうめ》の鞭影《べんねい》を見て行くが如し」。

無門曰く、「阿難は乃《すなわ》ち仏弟子。宛《あた》かも外道の見解《けんげ》に如《し》かず。且《しば》らく道《い》え、外道と仏弟子と相い去ること多少ぞ」。

頌に曰く
剣刃上《けんにんじょう》に行き、氷稜上《ひょうりょうじょう》に走る。

階梯《かいてい》に渉《わた》らず、懸崖《けんがい》に手を撒《さっ》す。

「世尊拠座す」

本日は、無門関の第三十二則「外道問仏《げどうもんぶつ》」です。どういう内容かということを、まずは説明をいたします。

「世尊、因みに外道問う」。「世尊」というのは、もちろん皆さんご存じだと思いますが、お釈迦さまのこと。「世尊」というのは、「釈迦牟尼仏陀《しゃかむにぶっだ》」を呼ぶ一つの名称ですが、「世にも尊き方」という意味になります。それ以外に仏さまの呼び名というのは一般的には十号《じゅうごう》と申しまして、十通りの名称があります。言葉だけでも次に紹介しましょう。

「如来」、「応供《おうぐ》」、「等正覚《とうしょうがく》」または「正遍知《しょうへんち》」、「明行足《みょうぎょうそく》」、「善逝《ぜんぜい》」、「世間解《せけんげ》」、「無上士《むじょうし》」、「調御丈夫《ちょうごじょうぶ》」、「天人師《てんじんし》」、そして「世尊《せそん》」です。いちいち、これを説明する時間はありませんが、一つ「調御丈夫」というのは、よく調えてコントロールされたという意味で、つまり、「よく調えられた立派な人」という意味です。

お釈迦さまがあるときに、外道から質問を受けたのです。「外道」というのは、世間的にはいい言葉として使われておりません。「悪魔外道」という言葉もありますが、外道といいますと、どちらかというと世間の常道から外れた人という意味です。しかし、本来はそうではなくて、仏教以外の教えのことを「外道」といいます。これは仏教の方から見てそのように言うわけでして、もし儒教の方からいえば、儒教が本来の正道であって、それ以外のものは皆、外道ということになります。

あるいは特に、心外に真理を求めるものを外道というような解釈もあります。心の外に法を求めていく、これを外道というと。こうなると、非常に意味が深くなります。

ともかく、お釈迦さまの弟子ではない人が、お釈迦さまにこういう質問をしたということです。「有言《うごん》を問わず、無言《むごん》を問わず」、言葉をもってしてもいけない、言葉なしでもいけない、簡単にいうと、しゃべってもいかん、黙ってもいかん、ということになりますが、言葉をもってしても説明し尽くせない、無言の態度でも表すことができない、「その法とは何ですか」という質問です。また後で、詳しく説明をいたします。

その「有言を問わず、無言を問わず」、そのときに、世尊、お釈迦さまはどうされたかというと、「世尊拠座《こざ》す」と書いてあります。「拠座」というのは、ただ黙って座るという意味です。もともと座っておられたわけですが、この外道の質問、それに対して、お釈迦さまはまた座り直したというわけです。

すると、この外道が「賛嘆して云く」、お釈迦さまをたたえて、こう言った。「世尊は大慈大悲《だいずだいひ》にして、我が迷雲を開き、我をして得入《とくにゅう》せしめたまう」。お釈迦さま、あなたの大慈悲、大きな計らいによりまして、私の心の闇があっという間に消えて、悟りの世界に入ることができました。「乃《すなわ》ち礼《らい》を具《ぐ》して去る」、うやうやしく礼拝して、そして去っていったという。これだけの文章ですが、皆さんの眼裏にこの情景が浮かんでくるならば、ありがたいことです。

お釈迦さまのところに、弟子でない人が来て質問した。しかし、その質問の仕方がどのようなものであったか、想像していただきたい。簡単に、「教えてください」ではないのです。長い間、もう生きるか死ぬか、この苦しみの果てに、どうしても誰に問うても答えていただけない。やむを得ず、弟子でもない私があなたの許にまいりました。「どうぞ、私に深い慈悲をもって答えていただきたい」。しかし、それはどういうことか。「有言を問わず、無言を問わず」。これが質問です。

私の深い悩みに言葉でもって答えていただいても、どうにもなるものではございません。もちろん、無言で答えていただいても、私は救われません。どうぞ、この慈悲の法をお示しください。何とも答えようがない質問です。でも、そのときに仏陀はただ座り直された。

その途端に、その人はすぱっと心の闇が晴れてしまった。そこで、深く感謝して、礼をもって仏陀の許を離れたというのです。

すると、そばに阿難尊者《あなんそんじゃ》という人が随侍《ずいじ》しております。阿難さんというのはご存じの方もあると思います。経典を読みますと、「如是我聞《にょぜがもん》」という文章でたいてい始まります。「かくのごとく、我聞けり」ですね。これは、お釈迦さまが涅槃にお入りになり、しばらくして弟子たちが集まっ

普照

て、仏陀は一生の間にどういうことをお説きになったか、それを再確認することになった。もちろん、弟子として当たり前です。これを「結集《けつじゅう》」と申します。第一結集のときに、「仏陀は、あのときあの場所でこういう話をされた」といって、その話を復唱した人がいます。この復唱した人が、阿難尊者です。

阿難尊者という方は、お釈迦さまが三十五歳で成道をされたとき、——成道というのは、完全なるお悟りを開いたという意味で、そのときに生まれたということで、「慶喜《けいき》」という名前を付けられたという。この上ない喜びのときに生まれた人間だから、慶喜という名前が付いた。それが阿難つまり阿難陀という名前の由来だそうです。

お釈迦さまにとっては、年齢は三十五歳も離れていますが、いとこになる間柄です。二十歳のころに仏陀の下にはせ参じて弟子となり、それから仏陀が八十歳で亡くなられるまで、二十五年間以上ずっとそばにいて、いっときも離れなかったという人です。その上にその二十五年間の仏陀の説かれた法のすべてを記憶していたという。まことに強記です。この記憶力のいいことを、総持ともいいます。

しかし、あまりものごとをはっきりと記憶していることは、また一つの心の弱点でもある。非常に優秀な人なのに単なる物知りで人生を終わってしまうということが、世間ではよくあります。阿難も仏陀の下で二十五年間も随侍し、あらゆる説法、事実を記憶していながら、その法を仏陀在世中には悟ることができなかったのです。

その阿難さん、この外道、バラモン僧と仏陀との間のあまりに見事なやりとり、この鮮やかな情景を目の当たりにして、呆然としてしまった。いった何が起きたか分からない。ですから、素直に聞きます。「阿難、尋《つ》いで仏に問う、外道は何の所証《しょしょう》有ってか賛嘆して去る」。まことにその通りです。あの修行者、彼はいったいどういう理由で、仏陀をたたえて感嘆して去っていったのでしょうか。実に素直な質問です。

それに対して、仏陀は何と答えたか。「世尊云く、世の良馬《りょうめ》の鞭影《べんねい》を見て行くが如し」。馬には四種類あるといわれております。これはなにも馬の問題だけではありません、人間にも四種類の人間があるということです。どういうものが、その四種類の馬かといいますと、第一は、ムチを入れると馬はそのムチに応えて速く走る。しかし、このムチの影を見ただけでサッとスピードが上がるのが、最高の馬だそうです。これを「駿馬」といいます。第一の馬です。

第二の馬は、ムチが肌にピシッと当たって、初めてそれを感じてスッと走っていく。第三の馬は、皮膚にピシッと当たっただけでは走らない。肉にピシンと来るまで走らないという。第四の馬は、骨肉に達するまで走らない。もう骨にまでビシビシ、ビシビシと通じるぐらい、痛い思いをしないと動かないという。

この四馬という四種の馬の例え話を聞いて、自分はいったいどのあたりになるかなと考えていただくと、話が見えてくると思います。「世尊云く、世の良馬の鞭影を見て行くが如し」。まことに、あの外道はそういう俊敏な男であった。「影を見ただけで、サッと悟ってしまったではないか」、「阿難、おまえはどうかね」と、問われているように感じられます。

「剣刃上に行き、氷稜上に走る」

これに対して、無門禅師が、評を付けております。「無門曰く、阿難は乃《すなわ》ち仏弟子。宛《あた》かも外道の見解《けんげ》に如《し》かず」。これでは、仏弟子の阿難が仏陀の弟子ではない外道の見解、見識にもかなわないのではないか。次いで「且《しば》らく道《い》え、外道と仏弟子と相い去ること多少ぞ」。「相い去ること多少ぞ」というのは、「どんな差があるというのだね。外道と仏陀の弟子というけれども、いったいどんな差があるのか、また本来、差があるというべきなのか、ないというべきなのか」と、コメントをした。

それにさらに詩頌を添えて言う、「剣刃上《けんにんじょう》に行き、氷稜上《ひょうりょうじょう》に走る」。「抜き身の剣の上を歩いていく」、さらに「表面が磨かれた氷の上を走っていく」と。これは、アイススケートの選手ならば、どうということはありませんが、普通の我々はそんなことをしたら、途端にツルッと滑ってしまう。しかし、外道の彼のはたらきは、まさにすさまじい。そういう恐ろしい程の力量があってはじめて、こういうことができるのだ。

「階梯《かいてい》に渉《わた》らず、懸崖《けんがい》に手を撒《さっ》す」。「階梯に渉らず」というのは、階段を一段一段上っていくような修行ぶりではいけないという意味です。「懸崖」というのは、がけ、です。つまり、剣の上を歩いていくような人、さらに氷の上をサッと走っていくような人、これは、階段を一段一段上るような人ではないぞ。あたかも、がけに手をかけていながら、手を離して谷底に落ちるのもいとわぬ大勇猛心の人であり、そういう人であってはじめて悟りの世界に入れるのだ。これは、外道を誉めただけでなく、修行する者すべてへの策励です。

私は、東京都とはいいながら、皆さんご存じの東村山、その隣の東久留米というところに生まれ育ちました。東村山電線音頭といえば、コメディアンの志村けんという人、ご存じだと思います。じつは私は志村けんと同窓なんです。高校で一緒でした。

同級生になったことはありませんが、隣のクラスということはありました。クラブも一緒です。仲のいい間柄でもありました。高校を卒業する前から彼はドリフターズに入りましたから、それから四十年近く会っておりません。途中で一回会う機会がありましたが、残念ながら擦れ違いでした。

彼は「剣刃上に行き、氷稜上に走る」ということを、高校生のときにすでに実践していたようです。つまりどのようにして人を笑わすかということを、大袈裟ではなく醜悪と滑稽のギリギリの狭間で常に考えていた。高校生のとき、すでに「こいつ、天才だな」と私は思いました。笑わせる天才だと。私が大学生になって彼が時々出るテレビの映像を見ていて、「これよりも、高校時代の方がずっと面白かったな」と思ったほど、彼のまわりには笑いの渦がありました。もちろん、友達同士の集まりの中でのコメディーと、テレビや舞台のコメディーはまた違うでしょうから、やむを得ないとは思いますが。

一つだけ例をあげますと、東京でも真冬は零下になります。東久留米高校という新設校で我々は第一回生です。ですから先輩がいない。先輩に頭を下げたという記憶がない。彼も同じことですが、そういう中で、もう先をずっと見ていたのでしょうね。いつかはコメディアンというのか、芸能界で働くという決意をしていたのでしょう。

高校一年生のときでした。都立高校では当時珍しく、制服がブレザーだった。そのブレザーの下が、冬ですと寒いですから、セーターぐらいは着ております。コートはまだ許されておりませんでした。皆、教室に入るまではそういう格好をしていて、ちょっとストーブでも入って温かくなれば上着を脱いだりします。もちろんネクタイははずせませんが。

ところが、彼は何を着ているかというと、肌着のランニングの上にブレザーを直接着ていたのです。しかも、首の辺りはネクタイをしています。そしてマフラーを巻いて、いかにもあったかそうな格好をするわけです。教室に入った途端に、ブレザーをバッと脱ぐ。途端に、みんな大笑いです。

これがそのままではありませんが、「剣刃上に行き、氷稜上に走る」という感覚です。まともなことでは人は笑わない。「刀の上に乗れるぞ」ということを見せないとだめです。刀に乗って足が切れたら、これはもう悲劇ですが、そういうことを常に心掛けていたように思います。かならずしも志村けんの話と「外道問仏」とかかわり合いがあるわけではありませんが、彼のことが頭に浮かびましたので、すこし話をしました。

「奇なるかな、奇なるかな」

まず、「世尊」という呼び名、あるいは「仏陀」という呼び名。これは、本来は「自覚せし人」、という意味で、自覚をし、目覚めているということ。自分で自分のことをはっきり分かっている人のことを、仏陀といいます。そうすると、「我々、一人一人、皆そうだ、自分が自分だという自覚がある」、こう言いたくなりますが、「本当にそうだろうか」という問い掛けをする人、これが修行に志した人です。

若いときには、一度ぐらい「自分って何者なんだろうか。自分の人生はいったいどういうことなのか。どこから生まれて、どこに行くのだろう。死んだらどうなるのか。宇宙の果てというのは、いったいあるのかどうか」、こういう問い掛けをしていると思います。しかし、その時間は非常に短い。あっという間に青春の苦悩は跡形もなく過ぎ去って、日常に追い回されてしまうのです。それをずっと問い続ける人もいますが、大半の人は日常の生活に埋没して、その問い掛けを忘れてしまいます。

昨日の日野原重明先生の話を聞かれた方はたぶん、我々は何をすべきなのかという問い掛けを思い出されたのではないのでしょうか。最後に先生は、はかりの例えを示されました。「自分のために生きる人」、「他人のために生きる人」とありました。もちろん、そう簡単に区別はできませんが、我々は自分のために多くの時間を使い、人のためにある程度の時間を使うという。そしてその使い方の比率が、このはかりの傾きに現れるということでした。

傾きがあまりひどい人、つまり、自分のためばかりに時間を使った人。そういう人は、閻魔さまのもとに行ったら、もう一目瞭然で行くところが決められてしまうのです。こういう人は地獄行きになるのでしょう。もう少しマシですと、餓鬼の世界。さらに三十五度ぐらいになると、たぶん修羅の世界に行く。三十度ぐらいになりますと人間界。それよりも上に行くと、天上界というようなことでした。

人のために尽くす時間の割合で、行くべき世界が決定される。できれば生きている間に、地獄に行かないような見識、了見というものを得たいものです。これが、修行する人たちの根本的な問題なわけです。それを抱えているのは、仏陀の弟子だけではありません。仏教から見れば外道といわれる人たち、九十六もあるといわれる外道の人たちも、この人生の一大問題を解決しようと悩み、苦しんでいる。これを生死の問題といいます。

さあ、その問題というのはいったい何か、そしてその解決とは。「有言を問わず、無言を問わず」、言葉にもできない、ましてや無言でもって表すこともできない、ということでした。しかし、それだけの意味ではありません。

これは平等でもない、差別の世界でもない、その真理はいったい何か、という問いでもある。また、仏心でも無心でも、答えとしては承服できない。さあ、どう返答するか。こういう質問でもあるということを、まずご理解ください。

それに対して世尊は、答えたのか、答えてないのか何ともいえませんが、「拠座《こざ》」されたというのです。

学生時代ですが、私は北海道で一年ほど暮らしております。ある牧場に夏休みの三ヶ月をすべて使い続けて三年通って、合計で一年ほど滞在しております。その牧場にいたときの体験で、いまだに忘れられないことがあります。

雄の牛はだいたい重さが一トン、雌は四〇〇キロから五〇〇キロ。雄でも非常にレベルの高い種牛、その高価なアメリカから来た種牛を見たことがあります。そのときに、その牛の値段が書いてありました。一億円でした。一頭、一億円です。北海道の乳牛の種はそこからみな採るぐらい、素晴らしい牛だそうです。

その牛をしばらく観察していますと、全く動かない。しかし、その呼吸だけは聞こえる。「ムゥー、ムゥー」と。檻のそばで私が見ていても、こちらをチラリとも見ない。前を向いてじっとしております。大きな置物のように見える。その迫力というのでしょうか、気迫というのが、その檻の外にビンビン伝わってくる。その時、「動物でも、こういうところまでいくのだな」と思いました。

後で聞きました。「あの牛が少しでも動いたら、どうなりますか」。これぐらいの鉄の格子の中です。「あれが本気になって体を寄せたら、あの鉄格子は曲がるよ」。一トン以上の牛ですから、その鉄の棒が曲がるだけではない。その気になったら、檻を壊してしまうと言います。そういう牛が、中に「ムゥー」と不動の姿勢でいる。

これが「拠座」です。「拠座」というのは、こういうことです。ただ座っているだけですが、そこから「うーん」という感じで気が出ている。仏陀の存在そのものが、そこにあるということです。法がそこに現れている。

さあ、この「有言を問わず、無言を問わず」の法というのは、いったい何かという問題です。お釈迦さまは二十九歳で出家をして、三十五歳で成道、究極の悟りを開かれたという。

世間での自分の人生というもの、それは考えれば考えるほど自分には向いていない。自分の今までの生き方は間違っている。当時そのように疑問を抱いた者は、必ず出家をする。そして、その人生の大問題に対して真っすぐに向き合って、修行の生活に入る。これは当時は珍しいことではなかった。かりに王子様であってもです。

この救いを求めての旅はまた師を尋ねる旅でもあります。そうして釈迦の前身、王子シッダールタが最後に弟子入りした師が、ウッダカ・ラーマプッタ仙人という人です。この人が説いている教えが、「非想非非想処《ひそうひひそうしょ》」——何も思わない、何も思わないということも思わない、というのを「非想非非想処」といいます。ここを悟ったならば、人生の問題は解決すると、この仙人は言ったそうです。

それに対して、その当時はもちろん仏陀でもなければ世尊でもないカピラ城の王子さま、その人がほどなくこの境地に達してしまったので、師匠に質問した。「この非想非非想処というところに、我はあるのかどうか」と。「何も思わない、何も思わないということも思わない。ここに我はあるのかどうか」。そういう質問をした。つまり、何にもないということが分かるのは誰かという質問です。何にもないということが分かるのはどうしてか、誰が分かるのか。そういう質問にこの先生は答えることができなかった。そこで、「ここは私のいるところではない」と言って、ついに一人での修行を決意する。それから六年間、苦行林に入られて、大変な苦行をされた。そうして、我のない世界、無我の世界に入ろうとされた。

しかし六年後、その苦行の無意味さを知り、直ちに苦行をやめて、村娘スジャーターの乳粥《ちちがゆ》の供養をうけて体力を回復され、それから菩提樹の下で、七夜座って八日目の早晨、あらゆる煩悩・妄想と闘ってこれに打ち克ち、ついに夜明けの明星を徹見、最終的な悟りを開かれた。これをとくに解脱と言います。

そのときの思わず発せられた言葉が、「奇なるかな。奇なるかな。一切衆生、悉く皆、如来の智慧と徳相を具有す」でした。生きとし生けるものは、みな如来の智慧を持っている、何と不思議なことだ。そうして、どうしてこの如来の智慧というものが我々には現れないのか。これはただ、妄想・執着のためのゆえに妨げられていると、こう続けられたそうです。

さて、まさに外道のこの根源的な問い掛けに対して、世尊は拠座《こざ》した。それを見た途端にこの外道の心の闇がサッと晴れてしまった。

新大阪駅での出来事

この無門関と縁の深い、和歌山県にあります由良の興国寺。興国寺の開山、法燈圓明《ほっとうえんみょう》国師という方は、無門慧開《むもんえかい》禅師のお弟子さんです。日本人として唯一、無門禅師の法を継いだ方が、法燈圓明国師、心地覚心《しんじかくしん》禅師です。

じつは私は、この興国寺の住職でもあります。そういうことで、無門関は個人的にも思い入れの深い書物です。兼務しておりますので、時々興国寺へ行くわけです。もともと興国寺の住職だった私が、ここ正眼寺に戻されたわけですので、本来はあちらの方が母屋といいますか、本来居るべき場所だったのですが、現在はこちらがもちろん母体です。

その興国寺に行事で戻らないといけない時は、普通は新幹線で名古屋から新大阪に、となるわけです。たまたま、福井の寺も兼務しておりますので、その時は、福井の方から新大阪に行って、新大阪から紀勢線に乗り換えて御坊という駅で降りて、タクシーか、もう一度電車に乗って由良駅で降りるというコースを通るわけです。

もうずいぶん以前ですが、その新大阪の駅でこのような体験をいたしました。乗り換えのために在来線の特急のホームを目指して歩いていた。その歩いている最中に、ある人に呼び止められました。「もしもし」、「はい？」と後ろを見ますと、女性でした。四十歳ぐらいの人です。「何でしょう」と聞くと、「お時間、ありますか」というのです。十五分ぐらい乗り換えの時間があったので「十分か十五分は余裕はありますが」と言うと、「ちょっと話を聞いていただけませんか」。まあ、ここまでは何とも思わなかったのですが、「はい。では、何でしょう」、「私は九州から、今日、この大阪に出てまいりました」、「ああ、そうですか」。「明日、妹の結婚式が大阪市内であります。結婚式には出ないといけないのです」、「ああ、そうですか」。その後に、意外なことを言いました。「結婚式には出席しなくてはなりません。でも結婚式に出たくないのです。どうしたらいいでしょう」。

途端にこちらも言葉に詰まりまして、「はあ？」と言うしかない。そして「なぜですか」と聞かざるを得ない。すると、その人、「うん」と口をつぐむのです。何も言わないのです。こちらも黙るしかないのですが、黙っていたら時間がどんどんたってしまう。

ですから、私から訊くしかない。「どういうことですか。あなたはわざわざ妹さんの結婚式のために、今日、九州から出て来られたのでしょう」、「はい、そうです」。「明日、結婚式なんでしょう。妹さんの結婚式だから、出ないといけないのでしょう」、「はい、そうです」。「では、出られたらいいのではないですか」。すると、「出たくないのです」。「どうして出たくないのですか」と聞くと、黙ってしまう。

そうなると、こちら側も詮索するしかない。「妹さんのことを嫌いなのですか」、「いいえ、そんなことはありません。大好きです」。「では、妹さんの結婚する相手の人が問題があるのですか」、「いや、そんなことはありません」。「じゃあ、あなたにはご両親がありますか」、「はい」。「お父さん、お母さんも、明日、結婚式に出席されるのでしょう」、「はい、そうです。今、一緒ではないですけれども」。「それならば、そのお父さんと、お母さんと、あなたとの問題なのですか」、「いいえ」。「それでは、妹さんと結婚されるご家族の方と、何か問題があるのですか」と聞いても、「そうではないです」。

そこで、もう一度聞きました。「では、どうして出たくないのですか」。また口をつぐんでしまうのです。不思議な人でした。こんな人にはかかわっていられないと、さっと行くこともできたのでしょうが、ついついお節介を焼いてしまいました。

しかし時間がなくなってきたものですから、「では、どうして私に声を掛けたのですか」と聞きました。すると、先ほどまで三十分くらい、ずっとここに立っていた。そうして目の前を通り過ぎる人を見ていた。自分でどうしても解決が付かない。「出なければならないが、出たくない」というこの問題に対して、誰かに相談したくて、ずっと人の流れを見ていたというのです。でも「この人もだめ、あの人もだめ」と。するとお坊さんが目の前を通ったものだから、「この人なら聞いてくれる」と思って声を掛けましたと言うのです。思わず私も、「それは、どうもありがとう」と言ってしまいました。

そうしている間にも、十五分の余裕がすでに五分になっていましたので、もうこれは埒が明かないということで、「もう一度こちらから質問させてもらいますよ。あなたは明日、妹さんの結婚式に出なければならないのに、出たくないのですね」、「はい、そうです」。「では、あなたが明日の結婚式に出なかったら、誰が一番悲しむのですか」と聞きました。すると、しばらく考えてから、「妹です」。そうですね、大好きな妹さんが結婚するわけです。

そこでもう一つ聞きました、「では、あなたは妹さんを悲しませたいのですか」。すると「いいえ、そんなことはありません」。「それならば、結婚式には出られたらどうですか」、さらに「妹さんを悲しませたいならば、出なくてもいいでしょうが、そうでないのだったら、式には出たらどうですか。式に出られた後で、どうしてもというなら、披露宴とかはご無礼したらよいのではありませんか」。

しばらくすると、この人少し笑顔を取り戻して「分かりました。そうします」と言いました。私も「では、よかったですね」と別れました。その後、どうなったか知りません。結婚式に出られたのかどうか、この人の名前も分かりません。

しかしその後、電車に乗ってからずいぶん考えさせられました。「有言を問わず、無言を問わず」、言葉でもって自分の気持ちを、「出たくない」という気持ちを表現することはできません。でも、この気持ちは強く深い。無言では誰にも伝わらない。でも、誰かに聞いてほしい。どうしたらいいのかと、ただただ道行く人をぼんやりと見ながら考えていた。私が目の前を通ったから、これ幸いとばかり問いかけてみた。

私が申し上げたことが、解決になったかどうかは分かりません。それは分かりませんが、「有《う》言《ごん》を問わず、無言を問わず」という、まさにこういう質問に対して、「あなたは妹さんを悲しませたいのですか」という一言で、この人の気持ちがふっ切れたようです。

我々の人生の中には、そういうことが案外あるものです。ずいぶんとは言えずとも、一度や二度はこういうことがなければならないのが、我々の人生ではないでしょうか。

スイスの接心で

昨日の日野原先生のはかりの問題、非常にいいお話をしていただいたと思います。できる限り他人のために時間を使ってこの世を生きたならば、「来世は、いいところに行けるよ」と明言されたわけです。しかし、死んだ後に極楽に行くよりは、生きている間に極楽の世界に入った方がいいに決まっています。その解決への質問が、「有言を問わず、無言を問わず」だったのです。

毎年、スイスと台湾で、「摂心《せっしん》」というのですが、修行の時間を設けています。これも数年前ですが、スイスの摂心の折りに、ある日本人女性が初めて参加してきました。彼女はスイス人と結婚していました。「今回、初めてですが、参加させていただきます。よろしくお願いします」と挨拶した。スイスの道場の指導をしている者は、いま現在、本山妙心寺派の住職の資格を得たハイニー宗潭和尚。彼が私に耳打ちしまして、「じつは、彼女はこのごろ坐禅に来るようになったのですが、問題を抱えています」。「何かね」と尋ねたら、「離婚をしたいそうです」。離婚をするかどうかの瀬戸際だと。「ああ、そう」と言って、摂心に入りました。

そこで彼女が参禅に来たとき、「あなたが生まれる前のあなたは、いったいどういう人でしたか」という公案（質問）を出しました。すると、おそらく「生まれる前の私って何だろうな」と考えると同時に、「今の自分は何者なのだ」と、考え始めることでしょう。

それは今の自分というのは、自分の記憶の範囲内では言葉でもって説明ができるからです。しかし「生まれる前の自分」となると、もう言葉でもって説明のしようがない。しかし、その生まれる前の自分があるとかないとかという問題よりも、確かにそういうところを通ってこないと現在の自分はないのだということを、どこかで気付く。だが、生まれる前の自分というのは、普通の知恵で考えれば何もない。何もないと表現するしかない。いや何もないということもない。

しかし何もないというが、このようになったのはなぜか。結婚して、ついこの間まで幸せだったのが、今は離婚しようとしている、そういう自分がいるわけです。確かに、この世の中で手に入れたこと、何らかの地位に就いたとか、ものを獲得したとか、財産を手に入れたとかいっても、いつかはそれは滅するもの。そういう思いがヒシヒシと感じられたのでしょうか。この人、その後の何回目かの参禅で、急に「何もないですね」と泣きだして、抱きついてきたのです。そこで、私はただ「うん、よかったね」と言うのみ。すると、すっと離れて、頭を下げて、その場から退出していきました。

このことを思い出すと、この「外道問仏《げどうもんぶつ》」のことが頭に浮かんできます。「有言を問わず、無言を問わず」ではなく、「あなたが生まれる前のあなたは、いったい何者か」という質問をしたのです。素朴ですが、答えがたい質問です。それから、何度も何度も参禅に来て、最後のころに「何もないですね。何もないんですね」と抱きついてきた。抱きついてきたということが、意味があること。「よかったね」と言えば、すっと了解する。直ちに離れて頭を下げて帰る。見事だなと思います。この外道の人が、黙って頭を下げて去っていったのと、よく似ています。

まことに、この世界の本当の問題は「剣刃上に行き、氷稜上に走る」という、この厳しいところを通ってこないと解決が付かない。先ほどの大阪の一婦人の話も、どういう理由なのか。結婚式に出るために、わざわざ九州から足を運んで来た。でも、式場のその前まで来ているのに、足が前に出ない。なぜでしょう。いろいろなことがあったのでしょう。妹さんとは仲の良い姉妹だったのに少し行き違いがあったのかもしれません。あるいは親子の間で、そういうことがあったかもしれない。種々に複雑に絡み合って、一歩が踏み出せない。素直に喜べない。素直に祝うことができない自分のことが、本当に情けなく嫌になっていた。その一歩を踏み出すには、「妹さんを悲しませたいのか」という言葉が必要だったのでしょう。「悲しむかもしれない」では、絶対だめだったのでしょう。「悲しませるのだ」と言ってくれる人が必要だったのでしょう。

「有言を問わず、無言を問わず」、そこの苦しい世界をいま現実に通らざるを得ない人にとっては、それを越えたと思える人の姿が必要だったのです。ただその姿だけでは足らなくて、そこにえも言われぬ無言の、あるいは有言の答えこそ、求めていたものだったのです。有無を越えた答えです。

良寛さんという人を皆さんご存じだと思いますが、こういう言葉があります。「君看双眼色不語似無憂（君見よ、双眼の色。語らざれば、憂い無きに似たり）」。「双眼」というのは、二つの眼、その目の色をよく見てください。「語らざれば、憂い無きに似たり」、何にも言わなければ、何の憂いも迷いもないように見えるでしょう。黙っていたら平々凡々、幸せいっぱいの人に見えるかもしれないが、この目の奥にはたくさんの吾が人生の苦しみ、悲しみというのが潜んでいる。それがあなたに見えるかな、と。「君見よ、双眼の色、語らざれば、憂い無きに似たり」、これをはっきりとしていくこと、いやこのような豊かで深い人生を生きることが、我々のつとめであると思われませんか。

日野原先生の人生のはかりの話を、私なりの解釈で申し述べました。はかりは、地球上の人間の数だけ必要ですが、それを支える真ん中の支点は一つでよい。しかしその一点は、宇宙のどこにもあります。その一点の周りに、角度を変えてさらに傾いたり、いろいろな人のはかりがあるわけですが、その一点はあるともいえるし、ないともいえる。まさに一点ですから、どこにもあるし、どこにもないという意味です。この一点こそ、一番大事なことだ。そうしてこの一点を、仏の心、仏性と言うのです。

「非想非非想処」といいますが、何も思わない、何も思わないことも思わないという偽りの悟りの世界は、じつは「何も思わないという世界があるのだと、私は思っている」というところがあるという意味なのです。これがある限りは、やはりエゴというものがある、自我というものがある。それが、正しい道から外れる一番の要因です。いくら人のために尽くしても、自分がしてやったのだと思うようでは、やはりまずい。ですから、バランスがとれている、つまり自我の調節が出来ている。そうして、そのバランスをとる真ん中をきちんとしていくことが、修行の要諦なのです。

それを、「有言を問わず、無言を問わず」という質問で集約したのが、この公案です。一人でも多くの方が坐禅をされて、どうか有無を越えた自他平等の世界に、一回スカッと入っていただきたいと、常々、我々は思っております。これで提唱の時間を終わりにいたします。ご清聴ありがとうございました。

心は仏ではない——非心非仏（第三十三則）

馬祖《ばそ》、因みに僧問う、「如何なるか是れ仏」。祖曰く、「非心非仏《ひしんひぶつ》」。

無門曰く、「若《も》し者裏《しゃり》に向かって見得《けんとく》せば、参学《さんがく》の事畢《じおわ》んぬ」。

頌に曰く

路に剣客に逢わば、須《すべか》らく呈すべし、詩人に遇わずんば、献ずること莫《なか》れ。
人に逢うては、且《すべか》らく三分《さんぶん》を説け、未だ全く一片を施《ほどこ》すべからず。

東日本大震災の寺で

先師、谷耕月老師の時代から、そして平成七年より私の代に引き継ぎ十六年間、この夏期講座に無門関を一則ずつ説いてきました。今年は三十三則、ちょうど三十三年間たったわけです。四十八則ありますので、あと十五年間はどうしても必要になります。私もあと最低十五年間は、生きていなければならないということになります。

今日は「非心非仏《ひしんひぶつ》」という、無門関の三十三番目の公案。短い文章ですので、語句は難しくとも話を聞いていただきやすいのではないかと思います。

講座が始まる前に、東日本大震災の犠牲者の方々に対して追悼の行事をいたしました。私もあちらに縁のある方が何人かいるのですが、とりわけ塩釜に、ある篤信の方から寄付された無染庵という正眼寺の別院があります。そこにデンマークから修行に来て、数年頑張った雲水を派遣しました。彼は日本人の奥さんと結婚をしていますので、彼ら二人で今、この無染庵で生活をしている。

やはり、そこも被災しました。でも、おかげさまで大した被害もなく、二人の命にも別条はありませんでした。塩釜というところは、この地震で大変揺れましたし、また津波にも襲われているのですが、不幸中の幸いと申しますか、松島の島々が津波を防いでくれて、水波は上がってきたのですが、津波の猛威はなかったのです。つまり、じわじわと水が来て、じわじわと引いてくれたものですから、大半の建物は壊れていないのだそうです。しかし、海水に浸かったため、あらゆるものが使えなくなってしまった。同じような被害は蒙りながら外見は無事でしたので、メディアが全然取り上げてくれなかったのです。

彼らのところは、高台ですから津波の被害がありません。建物の被害もあまりなかった。一週間ぐらい連絡が取れなかったのですが、向こうから電話が入りまして、「無事です」という連絡が入った。幸いに、この庵に六〇キロの米があったのだそうです。その六〇キロの米をどうしたか。「これがあるから、自分たちは生きていける」と思ったのではなく、これを使って、被災して今日食べるにも困っている人たちのために何かできないかということで、直ちに平地に降りて被害の状況を見てみた。瞬間にそれこそ未曾有の被害だということが分かりました。その上、どこからの援助も来ないというか、救助隊も来ていないということも分かった。

そこで、数日の間、火が使えない被災者のために、彼は自分のところで炊き出しをしまして、毎日のようににぎり飯を二百か三百か作って配って差し上げた。もちろん全部に配れるわけではありませんが、ともかくそれを、毎日毎日やってきた。六〇キロの米でも、あっという間になくなってしまいますが、そのことを我々、聞いたり知ったりしまして、縁のある方々がまた米を送ってあげた。

それを三ヶ月続けたそうです。三ヶ月後のある日、私にこのような手紙が来ました。「確かに、自分たちのできる範囲内のことをさせてもらいましたが、もう、これでやめます」と書いてあります。「出家としての本来の日常に戻りたいと思っています」。つまり、「町中に出て行って米を皆さんに配ったり、ボランティアで被災の片付けをすることは、一応止めます」と書いてありました。

疲れきって「止めます」ではないのです。「いくらやっても切りがない。一人の力で、どうなるものでもない。これは、数ヶ月の問題ではなくて、何年も、場合によっては十年も十五年もの問題だから、いま自分が一人頑張っても、どうなるものではない。いま何をすべきか。それぞれの人々が日常に戻るように、自分もお坊さんとしての日常に戻りたい」と書いてありました。ですから、毎朝五時に起きて、お勤めをして、坐禅を一時間ほどして、それから掃除をして、週に二〜三回は托鉢に出る。こんな時期に托鉢に出るのはどうかとも思いますが、かえっていいかもしれません。「そのような日常に戻りたい」と書いてありました。

なかなか考えさせられることであります。そのような思いもふくめて、また我々もかの地にお手伝いができればなと思うのです。さて、この話はここでおき、本日の三十三則の内容を少し説明いたします。

弟子を育てる

「馬祖、因みに僧問う、如何なるか是れ仏」。「馬祖」、つまり馬祖道一《ばそどういつ》禅師のことは、前にも触れましたが、七〇九年に生まれて、七八八年に亡くなられたお坊さんです。後世の禅宗界に大きな影響を及ぼされた方ですが、一番の影響というか功績というのは、お弟子さんがまことに多い。法の後継者が一三〇人といわれています。それは大げさにしても、百人ぐらいのお坊さん、大禅匠を、真の弟子とされた。

私はこの正眼寺の住職をしております。現在、修行僧は十七、八人いるわけですが、そういう者たちは弟子は弟子ですが、自分の本当の弟子とはいえません。なぜかというと、法を継いでもらわないと、真の弟子とはいえない。まだ修行中で二年や三年たつと一応、世間ではお弟子さんといいますが、本当の意味での弟子ではありません。まだ単なる学僧というか、学ぶ人です。自分の跡を継ぐという者が生まれたときに、初めて「弟子」といいます。

そういう「弟子」は一人生まれればいい、いや半人でもいいと言われるほどですが、馬祖禅師には、百人以上という、それほど偉大な方だったといえます。亡くなられたときに、皇帝と同じレベルの葬儀が行われたそうです。自然に人が集まって、何十万人という会葬者が馬祖をお送りしたそうです。その時代から尊敬を受けて、「大馬祖」とも言われます。

第三十則の「即心即仏」には、「馬祖、因みに大梅《だいばい》問う、如何なるか是れ仏。祖云く、即心即仏《そくしんそくぶつ》」となっていて、やはり馬祖が主人公で、今日の三十三則と同じ構成になっています。同じ構成ですが、答えは、前は「即心即仏」、今回は「非心非仏」です。

私の弟子で、一般的な意味での弟子ですが、由良の興国寺に年上の弟子が四人おりました。彼らの中の一人と、こんなやりとりがありました。

寺では毎年、種々の行事をいたします。ある行事のときに「準備をしてくれ」と頼みました。彼は荘厳《しょうごん》などの飾りつけをした。「準備は?」と言うと、「できました」。そこでその仏殿に行き、準備してあったものを見て、すぐその場で少し組み変えたりと、荘厳を少々変えました。彼はちょっとむすっとした感じで、「何をするんですか」と厳しい物言いです。「少々変えたのだが」。するとと「去年は先ほどのようになっていたのです」と言う。「へえ、どうして分かるんだ」と訊くと、「ちゃんと写真に撮ってあります。写真どおりに納めました」。さらに「どうして今年はこのように変えるのですか」、「去年は去年だけど、今年は今年だからな」と応えると、「去年と今年と、常住不変・不断じゃないのですか」、「うーん、そうかね」。

そこで、「去年は、天気はどうだったかな。どんな天気だった?」、「うーん」。「行事には何人来た?」と問うと、また「うーん」となりました。「男性は何人来て、女性は何人か?」、さらに「うーん」となります。そのように、「みんな同じ」といいながら、天候も違うし、参詣の人数も違う。果物ひとつだって、去年はみかんがたくさんあった時期かもしれん、今年はメロンをたくさんもらったから、メロンをお供えする。「そのへんのところ、臨機応変にやらないと、だめだろう」と言った途端に、ぶすっと頭を下げました。

禅宗の世界というのは、そういうことです。日常茶飯のことでも年中行事でもですが、去年したように今年もしたいわけですが、それは基本です。現実には、その時その時に合わせて変化をさせなければならない。まさにそういう意味も含めて、この「非心非仏」という話が生まれたわけです。

「心が仏である」

馬祖禅師に、ある僧が質問をしました。「如何なるか是れ仏」。これは、もう我々の世界では常套文句です。つまり、「法というのは何か。真理というのは、いったいどういうことか」という質問です。

すると馬祖禅師は、以前には「即心即仏」と答えました。しかし今日は「非心非仏」と答えた。「非心非仏」というのは、「心にあらず、仏にあらず」と読めますが、意味は「心は仏にあらず」。ちなみに「即心即仏」というのは、「心が即ち仏である」。

往昔、馬祖禅師に、まだ修行中の大梅法常《だいばいほうじょう》禅師が質問をした。「如何なるか是れ仏」。すると馬祖は「即心即仏」「おまえさんの心が、真理そのものだ。法そのものだ」と答えた。

大梅という人は本をたくさん読む、人の話も聞く。坐禅も一生懸命やる。仏法というものを真剣に求めている人でした。しかし、それまでついにそれを手に入れることが出来なかった。出来ないからこそ、馬祖に向かって問うたのです。心の中では涙をぼろぼろ流しながら、「どうぞお答え願いたい。教えていただきたい。法というのは、仏というのは、いったいどういうことでありましょうか」。

大梅は、あえて言えば、外に向かって仏を求めていた。自分の外に仏がある、教えがある。昨日の講演で、「二見《にけん》に堕《だ》す」という話がありました。じつは、法を外に求めることが、「二見に堕す」ということなのです。外に真理を求めていく。世の中の真理は、自分の外にある。つまり、客観的なものとして表現できる。「二見」というのは、「断見《だんけん》」と「常見《じょうけん》」のことです。

「この世の中というものは、目に見えるもの、耳で感じられるもの、口で味わえるもの、それらが永遠に存続する真実である」、そういうとらえ方を「常見」といいます。しかし、一方こういうものも変化して、常住不変のものは一つもないということは、何となく分かる。だから、一切は無に帰すると断定する。「この世のことは、どうせ虚しい。いつか皆、死に絶える」、と見ることを「断見」といいます。この「常見」と「断見」のどちらかに偏った見方をすることを、「二見に堕す」といいます。

大梅禅師も、外に仏を求め二見に堕しているということが、馬祖禅師にはっきりと分かる。ですから、「仏とは、いったい何か」という質問を受けた時に、「即心即仏」と、ピシャッと言われたのです。「おまえの心が、そのまま仏ではないか。それが分からんのか」。途端に、大梅禅師は、「はっ」と省悟された。ありがたき自分の本当の姿が分かったのです、まさにこころの根源が分かった。

それから数年、馬祖禅師の会下の修行僧の中では、この「即心即仏」が日常用語になってしまいます。「如何なるか是れ仏」、「即心即仏」。「この身、このままが仏であります。我が心が、仏そのものであります」。皆がこのように安易に言い出した。

しかし、中には真剣に迷っている者もいた。「即心即仏」、言葉の上では分かる。分かるが、素直に受け取れない自分がいる。その自分がどうしても納得しない。だから、「如何なるか是れ仏」と、この僧は改めて質問したのでしょう。

「心は仏ではない」

それに対して、馬祖禅師は答えた。「非心非仏」。「おまえさんの心は、仏ではないよ」と。仏の資格がないような生き方を我々はしがちです。そこで馬祖はこの弟子である僧に向って、それでは「非心非仏」、「心にもあらず、仏にもあらず」。

短い文章ですが、なかなか言える言葉ではありません。白隠禅師という方は、五百年に一人の大禅師と謳われた方です。もし白隠禅師が江戸時代に駿河の国に生まれなかったならば、たぶん今の禅宗界というか、仏法はずいぶん変わっていたと思います。仏法が残っていたかどうか分からないと言う人もいます。

その白隠禅師が、まだ自分が若いときには、「即心即仏」であった。まあまあ、これでぴったりだと、ご自身で納得しておられた。しかし、六十二歳になって、八十四歳で遷化されますが、

「はっ」と気が付いた。まさに「非心非仏」であった。それまで大変な修行をされた方ですが、六十二歳まで、この「非心非仏」が引っかかっていて、一点の疑いもなく了解できなかった。六十二歳で初めて、この「非心非仏」を我がものにできたとおっしゃられたそうです。

さて無門禅師が、評、コメントを付けております。「若《も》し者裏《しゃり》に向かって見得《けんとく》せば、参学《さんがく》の事《じ》畢《おわ》んぬ」。難しい言葉が書いてありますが、ここがはっきりと「見得」、手に入ったならば、「参学の事」というのは「参禅弁道」、つまり修行が終わったという意味です。「非心非仏」が分かったなら、修行は済んだということ。

別のある人が馬祖に質問した。「いつも『即心即仏』と説いておられましたが、こんどは『非心非仏』。いったいこれはどういう意味ですか」。馬祖が答えた、「泣いている子どもをあやすために、『即心即仏』と言ったのだ」。

「では、子どもが泣きやんだらどうされますか」。世間では、いま泣いた子どもが、もう笑っているという具合に、泣いてせがんだ子どもに欲しいものをあげた途端、にこにこ笑う。泣いていた子があやされて涙が止まった。その時には、「今度は『非心非仏』という」と言われたそうです。

このエピソードからも、「即心即仏」というよりも相当程度が高い話だなということが分かります。ですから、「ここがはっきりと手に入ったならば、もう修行は終了」。こういうことになります。

「人に逢うては且らく三分を説け」

無門禅師は、さらに詩偈を付けます。「路に剣客に逢わば、須《すべか》らく呈すべし。詩人に遇わずんば、献ずること莫《なか》れ」。ちなみにここは、「達道の人に会えば」と言うこともあります。なお正確には、「路に剣客に逢えば、須らく『剣』を呈すべし」で、「剣」が抜けています。「詩人に遇わずんば、献ずること莫れ」も、「『詩』を献ずること莫れ」です。詩文の形態をつくるために、わざわざこのように一字、外したのです。

相手が格下の力量の人ならば、達人は剣を抜く必要がない。同じ力量の人だからこそ、剣を抜いて応えるわけです。詩人も一緒です。詩を理解しないような人に、詩を見せても始まりません。馬耳東風です。それと同じように、この「非心非仏」、仏法の真の淵源は、本当に分かった者同士でなければ、語りようがない。

しかし、「人に逢うては、且《すべか》らく三分《さんぶん》を説け」。隅から隅まで全部説いて、「さあ、こういう内容でございますよ」と聞かされると、「うん。そうですな。分かりました」。それが一般的講義です。しかし、だいたい教室を出た途端に全部忘れてしまうもの。

「人に逢えば且らく三分を説け」というのは、兵法の書にある言葉です。兵法というのは、戦さのときの戦いの仕方です。それを全部教えてはならんという。戦さの中では何が起きるか分からない。「そのようにやれ」と命令しても、目の前の状況ががらっと変わっていくのに合わせて、また作戦も変えなければ必ず負けます。だから全てを説いてはいけない。あとの一分は工夫せよということ。現場で自分で工夫するからこそ、新しい知恵が生まれてくる。これを「三分を説く」という。

われわれは、大切な人には、全部教えてあげたくなるものですが、それがよくない。その人が真理を発見する機会を奪ってしまうということになる。つまり、「全く一片を施《ほどこ》すべからず」。四隅のうち三隅は示しても良いが残りの一隅は教えてはならない。この一隅こそ、自分で手に入れなければいけないということです。

昨日からスイスのアンサンブルの音楽家、三名によって、クラシックの名曲をいろいろ聴かせていただいております。今日もこの後、四十五分くらいの演奏を予定しております。そして、明日は福井の寺に行きまして、――兼務している寺で清大寺といいます、皆さんは「越前大仏」という名称でご存じかと思いますが、そこで演奏してもらうことになっております。

女性が二人で男性が一人。男性はクリストフ氏です。チェロの演奏をしております。彼は、じつは去年の正眼寺の四月の摂心《せっしん》に参加しました。摂心の前後も含め十日ほど滞在しています。その前年のスイスの摂心の時に、「正眼寺の摂心に参加してもいいか」ということを彼が言ったものですから、「構わないよ」と私が返事して、そうなったのです。もちろんそのとき、彼は正眼寺にチェロを持ってきておりません。音楽家としてではなく、一人の在家の修行者として十日ほど行をしたわけです。

さて、去年の摂心後、彼がスイスに戻ると、コンサートが待ち構えていたそうです。ですから楽団に戻り、すぐコンサートのために練習に入った。メンバーとの合同練習です。

そのときに、彼が音を出すと、周りの楽団員が「え?」と彼を見た。そして「どうした」と質すのです。「『どうした』って、どうした」、逆に彼も問う。「おまえ、何をしたんだ」、「何もしていないよ。何か変わった?」、「いや、おまえの音、全然違うじゃないか。一月前と、チェロの音が全く違うぞ」。十日以上、全然チェロに触れていません。彼は毎日最低でも、二時間や三時間、必ずチェロを奏《ひ》く、プロですから。しかし、そう言われると、二週間も触ってないから、格段に音が悪くなったのかなと思った。ところが「全く別人のように、いい音を出すな」と言われたのだそうです。「何をしたんだ? どこに行った? どうしたんだ?」、「いや。日本に行っただけだ」。「日本に行ってどうした」、「正眼寺という寺に行って、かくかくしかじかだ」と。すると皆「うーん」とうなるばかりだったそうです。

格段に音が変わった。どうして変わったかです。彼はたぶん、「即心即仏」の演奏を今までしていた。ところが、この寺で何らかの「非心非仏」への転回があった。こう捉えてもらえるとありがたいですね。さて彼はここで一生懸命、坐禅をし参禅もした。その結果、何かが目覚ましく変ったということではないでしょう。ただ、ただ坐ることで余分なものを捨てていったのです。

必死に坐って坐り抜いて、何かストンと抜けたものが、彼にあったのでしょう。

「自分が、チェロという楽器を演奏している」。以前はこのように思っていたことは確かですが、どうもそこを少し超えたようです。「チェロが自分を動かしている」。こういうところまで、分かったのではないかと思います。これが、「非心非仏」の入り口です。

少し例えが悪いのですが、このごろあまりやらなくなりましたが、灰を水の中に入れ、この灰汁を筆の先にちょっと付けて、紙に何か書く。丸でも三角でもいいし、文字を書く。そうすると、濡れている時は別にどうのこうのはないのですが、乾いてくると、そこに字が浮かんでくる。

一種の「あぶりだし」というものです。そのあぶりだしの紙に「即心即仏」と書かれている。その字を見て、「ああ、分かった、分かった」と、われわれは思うわけです。でも、それが一瞬にして水に濡れると、すっと元の白紙に戻ります。これが「非心非仏」です。どこにも何も、変わりはない。ただ、乾燥しているか、湿っているかの違いです。だから、「非心非仏」といいながら、「即心即仏」。別のことを言っているわけではないのです。

そしてこの「三分を説け」、「全く一片を施すべからず」ということ。これが修行の道の要諦です。修行だけではないあらゆる世界で、こうでなければならないと思います。たとえば、現代は子どもに説き過ぎる。親切すぎるというものです。そうすると、自分で学ぶ力、意欲というものを奪ってしまう。

昨日の森政弘先生のお話など、全くその通りです。ある中学校の先生たちが、だいたい「上から目線」でもって、授業を一方的に進めるだけだった。すると、ほどなく子どもたちが荒れて、教室のガラスを破ったり、床を泥だらけに踏みにじったりするような生徒ばかりになった。

ところがそういう生徒たちに対して、「一緒にロボットつくろうや」と言う先生が現れた。そうすると、みんな「はあ？　ロボットって何じゃ？」って、いうことになります。しかし、「先生もよく分からんから、一緒にやろうよ」ということになった。「どうしたらいいんだ」と学生たちが聞いてきたので、「そこら辺から、ボルトやナットやら、ゼンマイやら、みんな持って来てくれ。ブリキでもいいから持って来て」。それらを組み合わせて何かが始まると、「急に、子どもたちの目が生き生きとしてきた」と話された。

つまり、学問だけでなく、一切の人間の営みの世界は、自分で物事を発見していく、究明していくということが原点であって、上から教えてもらうことばかりが学ぶという意味ではないのです。修行は、特にそうです。

だから、無門関のこの則に書かれていることは、簡単に言うと迷わすための道具なのです。馬祖が「非心非仏」と説けば、この僧は「即心即仏ではないのですか」と思うわけです。いつもそう言っておられるわけですから。「即心即仏」、この言葉はもう金科玉条のごとくです。そこを「非心非仏」といわれて、途端に「即心即仏」がすっと消えてしまいました。もう、この迷いの世を歩いていく手掛かりが一切なくなってしまった。暗闇の中に、それこそ陥れられたようなものです。しかしこれこそ、大事なことです。

奇跡の復活とは

仙台にご縁の人がいます。そのうちの一人、この方は電器会社の社長さんでしたが、現在は会長です。被災をしました。工場は倒れませんでしたが、内部は滅茶苦茶で、現在でも機械の運転が再開できたかどうか確認できておりません。もうそろそろ動きだしたかもしれません。大きな被害を受けた会社のひとつです。現在の社長さんなど、津波に流されて命拾いしたそうです。

この会長さんが、今年の正月に、まだ地震が起きる前、尋ねて来られました。そして、この方からは以前にこんな話を聞いたことがあります。

自分のおじいさんが、「痛い」という字を、孫である自分に書かせました。孫は一生懸命、「痛い、痛い、痛い」と言いながら、字を書いています。しかしその時に、このおじいさん、文字が書けない人です。この一心に痛いという字をいくつも書いている孫の手の甲を、むちのようなもので叩いたんです。途端に「痛い！」と、この子は言いました。

そして「何するの、おじいちゃん」と言うところですが、その前に、このおじいさん、「おまえ、『痛い』っていう字は痛いか」。「『痛い』という字と、今と、どっちが痛いか」と訊いたのです。そんなこと、子どもだってすぐに分かります。「こっちが痛いに決まってる」と言うわけです。

するとこのおじいさん、ピシャリと言ったのです。「『痛い』という字は、少しも痛くないだろう」。途端に、この人、小学生だったそうですが、何かが分かったような気がしたそうです。それから、家が貧乏でしたので苦労して、夜学の高等学校と、さらに大学を出て、会社を興した。いま、二〇〇人ぐらいの従業員を使っている。「痛い」という字は、痛くない。何か、今日の話と似ていませんか。

この話があって、今年の正月に来られた。この方が、今度はしみじみとこんな話をされた。初めて聞きました。

「じつは家内のことなのですが、私たちには子どもがありません。苦労して大学も出て、ある店に勤めて、それから独立して家内と一緒に仕事を始めました。子どもができたら、そういうわけにはいかなかったでしょうが、幸か不幸か、子どもが生まれなかったものですから、家内とずっと二人で仕事を切り盛りしてきました。仕事も順調に進んで、社員も一人二人と増え、三十人、五十人となって、今は二〇〇人ぐらいの会社になりましたが、五、六十人ぐらいになったときに、一応、安定しました」。

この方が会社を興されてから、もう二十年以上になっていた。奥さんも五十代半ばになっていました。その頃、この社長が、奥さんに言ったのです。「おまえには、これまで言葉に尽くせない苦労を掛けて本当に申し訳なかった。幸い、会社もこのように安定してきたし、後継者もできたから、我々も、これからはゆっくりしていこうじゃないか。せめて、家事ばかりでなくおまえの好きなことでもやったり、旅行に行ったりとか、そうしてくれないかな」と言われた。奥さんも「分かりました。そうさせていただきましょうか」ということになった。

そこまではいいのですが、そのようなわけで奥さんは会社の経理の仕事を辞めた。しかし辞めた途端に、くも膜下出血で倒れた。直ちに病院に搬送された。でも、出血の場所があまりよくなかったのでしょう、医師から「もうだめです」と言われた。人工呼吸器を付けられて、強制的にしか呼吸もできなくなった。心臓だけが動いている状態で、脳死ではなかったそうですが、脳死状態に近い。肺も動かない。ですから呼吸ができない。人工呼吸器を付けないといけない。これも限度がありますから、「どうにもなりませんので、覚悟してください」と担当医から言われた。だが、ご主人は、「いや植物人間だろうが、何だろうが、ともかく生かしてくれ。そうでないと、自分の気持ちが収まらない。何としても生かしてくれ。どんな機械を付けてもいいし、どんなことをしてもいいから、命だけは何とかしてくれ」。

それ以来、この奥さんの生命を保っているのは、点滴と人工呼吸器です。それから、どのくらい生きられたか。なんと十二年。十二年たって亡くなられたら以降の話はありませんが、まだご存命でおられるのです。十二年たつ前に、五年か六年たったあるとき、この社長さんは「女房を殺して、自分も死のう」と思ったそうです。そのぐらい疲れきってしまった。

もちろん、専門の介護する人を頼んで二十四時間体制でやってもらっている。しかし介護する方も真夜中だけは少し休まないといけない。一時間、二時間、仮眠します。しかし仮眠の間も、この患者は一瞬も放っておけないのです。人工呼吸器をしてますから、自然にタンが詰まってくる。そのタンを取ってやらないと、途端に窒息してしまう。タンを取るということが二十四時間、夜中にも必要です。それは、もう休めないということです。だから、介護の人が寝ている間は、誰かが付かなければならない。それは、唯一の身内であるこの社長さんがせざるを得ない。会社の経営もある。それは余人には、理解しようのない大変さです。だから、奥さんを殺して自分も死にたいと思うときが何度もあったそうです。

幸いに、ちょうどその頃、この社長さんのお母さんが、田舎から駆け付けてくれた。このお母さんも病弱な人だったそうですが、夫婦の様子を見て、途端に「これはいけません」と気力が横溢し、「私が付きます」と言ってくれて、付いてくれるようになった。それで、しばらく楽になった。それから、四、五年たった。このお母さんも九十一歳で静かに穏やかに亡くなられた。八十六歳ぐらいで来られて、九十一歳で亡くなられた。これはなんとも微妙ですね。

この間に社長さんは、「自分は、このままではいかん」ということで社長職を譲り、会長になって経営から少し外れたのです。だから、以来、少しは奥さんの介護に時間を割ける。もちろん専門家も付いていますから、主たる仕事は真夜中のタンを取る吸引機を出し入れすることです。

あるとき、こんなことがあった。この方はもともと器用な人だし、電器の発明などもする人ですから、吸引機の脱装着など簡単なものです。ところがあるときに、すっと抜いて、そこでタンを吸引し、呼吸器をまた元に戻す。そのときに、ちょっと手間取ったのだそうです。普段よりうたぶん一秒ほど遅れた。わずか数秒でこの動作を完了するわけですが、それを一秒遅れた。どきっとしたそうです。「この一秒で死ぬのでは」と思われた。だが奥さん、何もなかった。「ああ、よかった」と思った途端に、この人、科学者ですから、すぐ疑問が湧いた。「うん、一秒遅れても大丈夫だったな」。じっと考えて、こう思った。「一・二秒ならどうだろう」と。もちろん医者にこんなことを相談するわけにはいかない。医療関係者が来ない時間帯を見計らって、「実験」してみようと思った。なぜそんなことを思ったのか不思議ですが、科学者ですね、やはり探求心が強い。

そうして、現実に一・二秒で実験してみて、問題がなかった。「これで大丈夫なら、もう少し延ばしてもいいのじゃないか」。最初が一秒少々、徐々に延ばして、二秒、三秒、四秒、ついに六秒、七秒、八秒、じわじわと延ばした。十秒、大丈夫。十五秒、大丈夫。三十秒、大丈夫。一分、大丈夫。「ええっ」と自分でも思ったそうですが、十分ぐらいまでいってしまった。その間、スーとも、ハーとも呼吸しないんですよ。この奥さん、人工呼吸器で強制的に肺を動かされているだけなのですから。

最終的に十五分近くまで延ばしたが、何も起きない。いや起きないどころではなく、驚くべき奇跡が起きた。なんとその奥さん、自発呼吸を始めた、ふわー、ふわーっと。十二年ぶりに、自動的に機械で呼吸させていたのが、自発呼吸を始められたのです。すごいことです。しかし、それ以上に奇跡だったのは、十二年間も意識不明だった人に、意識が戻ってきたのです。自発呼吸が始まってしばらくたったら、目が開いたのだそうです。みんな、うわーっとなって、「分かる？　分かる？」と。

最初はぼんやりとして分からなかったようですが、だんだん分かってきて、次いで「うー」とか「あー」とか、言葉を発し出した。そのころになると、少し水分が取れるようになった。そして、ついに会話が始まったんです。「分かりますか？」、「あ、はい」。「自分の名前は？」と聞くと、「うーん」となるけれども、だんだん思い出してきた。そうして今は、普通の会話をされているのだそうです。

これが一月。その後、地震でどうなったかと思っていたのですが、この間、電話をいただきまして、「無事でしたか」と尋ねますと、「無事です」ということでした。ですから、あまり変化はないと思うのですが、なんともすごいことです。この話をさせてもらうときに、必ず補って言うのですが、「絶対に、まねはしないでください」。

じつは、ここで話が済めばめでたし、めでたしなのですが、ところが、この会長さんが浮かぬ顔をされたのです。「どうしたのですか。おめでたいことじゃありませんか。よかったですね」と申しますと、「うん、いいのですが」。「どうしたんですか？」、「家内がこう言うのです」。

会話はできるけれど、体は動かない。十二年間もずっとベッドに横になっていましたから、もう筋肉が完全に機能麻痺になっていて、リハビリもできない。だから、体をご自分では動かせないのですが、こうおっしゃったそうです。「こんな状態で生きていてもしょうがないから、死にたい」と。「それを常にこのごろ聞くものですから、つらいのですわ」と言われる。

この世にもう一度生まれた方です。十二年間、全くの闇の世界。全くの空白というのか、無というのか、そこから再び誕生されたわけです。まさに再生ですが、一面、羽化されたようなもの。しかし、この方は序々に周りとご自身のことを知るようになります。思い出します。一方で、目覚めた途端に周りの者は大歓喜です。お医者さんも含めて、「こんな奇跡が起きたなんて、素晴らしいことだ」と大騒ぎだった。ご本人も嬉しい様子だったのですが、しばらくすると、「死にたい」と言い出した。

この方は身体はご不自由だが、心は自由に働き、目も見えます。口も利《き》くことができる。そうすると、自然に外の世界を知る。外の世界と、自分との対比ができるわけです。そこで、「あなたは動けるのに、私は動けない。昔は動けた。あんなことができた。でも今は何もできない。何も世の中のためにならないじゃないか。だから、生きていてもしょうがないじゃないか」とおっしゃる。

これは迷いの世界です。「業」という言葉はあまり使いたくないのですが、まさに人間の宿命なのでしょうか。だから、われわれは迷う存在である。これを本当に教えていただきました。これは、まことに考えさせられる話でした。

百歳の誕生日

さてこの間、ある方の葬式がありました。百歳の女性です。檀家さんではありませんが、非常に縁の深い方でした。「ぜひとも送ってほしい」ということで、老師三人の葬儀。珍しい。脇導師をさせてもらいました。

この方が去年、満で九十九歳でしたが、名古屋市から百歳長寿の表彰を受けました。記念品と金一封が出たのだそうです。そのご子息から電話がきまして、「かくかくしかじかです」、「よかったですね。お元気ですか?」。「いや、もう車いすで、意識もはっきりはしませんが、生きてはおります。しかし、私は、この母親が生きていてもらえるだけで、本当にありがたくうれしいのです」と言われた。

そして、「百歳の誕生日で、お祝いをいただいたのですが、老師に来て見ていただきたいのですが」。「どうして?」と尋ねますと、「その金一封も、記念品も、全然手を付けてない、開けていないのです」と。なにゆえにと聞きますと、「いや、ぜひとも、老師に開けてほしい」と。まさにご縁です。「じゃあ、いいですよ」と、去年の十一月末にお宅に行きまして、記念品を開けて差し上げました。

その日が、その方の九十九歳の誕生日だった。偶然です、選んだわけではない。十一月は私はその日しか空いていなかった。よほど縁が深いのだと思います。そのときに、全く意識不明の状態ですから、車いすがストレッチャーのようになって寝ておられる。まずは仏壇のところに行って、「お勤めさせてもらう」と諷経を始めました。この家は母親と息子さん二人住まいですが、兄弟がいますから、その兄弟の人たちが来ていました。

お勤めが終わりまして、そのお母さんのそばに行きました。「わしのこと分かる?」と尋ねると、何も反応なしです。「お経を読んだけれども、聞こえた?」と言っても、応答はありません。「調子のいいときには時々、目を開けてくれるけれども、今日はだめだね」、そんな話しになった。

そこで、何げなくこの方の手をつかんだ。手を握ったのです。左手を軽く握手したところ、そのうちの薬指だったか、中指だったか、はっきりしませんが、一本だけぴくっと動くのです。「あれ」と思った。そこで「久しぶりですね」と呼びかけたら、これがぴくっと動くのです、一本だけ、それも指の先だけです。「あっ」と思って、「先ほど、お経読んだけど、聴いてもらえた?」と言うと、ぴくっと動くのです。「百歳の誕生日、よかったですね」。またぴくぴくと動く。分かっているのだと思いました。

これはすごいことです。先ほどの十二年ぶりに目覚めた方もそうですが、常識的には何も分からない人です。意識不明で寝たきりの人は、脳が働いていないのだから何も分からないと、われわれは思っている。ところがほんとうはそうではない。意識界とは別の命の世界があるのだというこことでしょうか。目や口や身体の機能が衰えて、言葉や表情や動作で応答できないというだけで、実際は、この命の世界は全く正常で、反応できて、応答してくれる。こちらの質問に的確に答えてくれる。この方も、ほかは全然動かない。動くのは、ただ一指だけなのです。時々、目を開けて、「ぱちぱち」とまばたきするぐらいはできるらしいのですが、この日は目を開けてくれませんでした。指だけです。でも、その一本の指の先だけで会話ができる。たぶん耳は聞こえているのでしょう。

ということは、どんな状態になっても、たとえわれわれは体が動かなくなって死人のように見えていても、全く仏の世界では正常なのだということです。「如何なるか是れ仏」というのは、そのことに対する質問です。仏というのは永遠のものです。永遠の命です。消えかけているように見えますが、そうではないのだということを、この百歳のおばあさんが見事に教えてくれました、指先一つで。

仏のいのちを生きよ

この仏の生き方をするには、どうしたら良いのだろうということなのです。これが、「非心非仏」の意味でもあります。

さて、この本堂の前に、二本の松の木があります。その右側に庭があります。そこに少し大きめの庭石がありますが、あれは「珪化木《けいかぼく》」といいます。化石です。このあたりでは、木石といいます。岐阜県では、この石がたくさん出てきます。メタセコイアの化石です。あの庭石の上に、一本の松の苗が生えているのを、皆さん、ご覧になりましたでしょうか。あれこそ、仏さまの世界です。

初めて二、三センチの苗木を見たとき、感動しましたね。石というよりも岩です。その岩の上に松かさが落ちた。いつでしょうか。もう今では誰にも分かりません。松かさが落ちて、石が暖められて熱が加わると、松かさが開くのです。その間から種がこぼれる。こぼれて、そこで芽がふくかというと、そんなことはない。条件が整わないとだめ。非常に難しい条件です。

だから、どうして生えてきたか、よく分かりませんが、たまたま石の割れ目の隙間に落ちた一つが、長い年月をじっと待って埃の土壌を創って、次に雨が降って熱と水分の条件が合って、芽をわずかに出したのでしょう。芽が出たら、細い細い根を下したのでしょう。そして、また長い時間をかけて埃をためて成長できる状況を創出し、雨を待つのです。あるいは、そこで雨も降らずに、それこそ一ヶ月もかんかん照りだったら、じっと耐えているのです。ともかく、そんなことをしながら、あの松は三、四〇センチの若木になった。あの隙間のところに、相当の根が入って育っています。

専門の作庭家の人が折々来てくれるのですが、その方とこの間、話をしました。すると、「やはりこれは、人が触ってはだめです」と言われる。その通り一切、手を加えない。水をやってもいけない。枝が枯れてきたからといって、剪定もいけない。絶対に触ってはいけない。そのことが、あの松の木が生き延びる唯一の道です。あのような条件の悪いところはない。水はない、土はない、生き延びる可能性が限りなくゼロに近い。だがゼロに近いけれども、ゼロではない。

では、あそこに落ちた松の種は何と思ったか。「あちらの方がいい」などとはもちろん言いません。そこに落ちたから、種の精一杯の能力を引き出して、できることをしただけです。雨が降れば、根をほんの少し出して、また雨がなければ、じっと耐えるわけです。乾燥にも、石からの熱にも耐え、冬の雪や氷にも耐え、自分で自分の生きる場所を作りながら、次に雨が来たら、また少しずつ根を出す。また少し芽を出す。そうして、いつの間にか、あのようになった。

そこで生きるということ、今を生きるということを、あの種は精一杯やっただけなのです。「生き抜こう」なんて思ってもいません。ただ、自分のできることを精一杯やっている。そうすると、あのような場所でもしっかりと生きていける。

われわれは、常に取り巻く環境を選択しながら生きています。比較してしまいます。だが、それがまずい。本当は、種としてどこかに降りたなら、必ず生きられるようにできているのが、「いのち」だと思います。

それを、「仏のいのち」と、とくに言うことができるのでしょう。「仏のいのち」は人の計らいを超えているから、誰でもみな、どこでもいつでも生きられるようになっているのです。

だから、先ほどの百歳のおばあさんでも、せっかくの深いご縁の方です。ストレートにものを言う、おばあさんでした。好きなことを言う人で、それでも、こちらも適当に言い返したり、親子のように言える仲でもあったから、行ったらすぐ分かったのでしょうね。「よく来てくれた」

と、本当は口に出して言いたかったのでしょう。でも言えないので、そうして手の先だけしか動かないから、精一杯、ぎゅうっと一本の指先で握ってくれた。そして「私は先に逝くよ」と別れの挨拶をしてくれたのです。

ある面で、永遠の世界というのでしょうか、これをはっきりとつかむのが、われわれがこの世に生まれた意味ではないかと思います。あえて言えば、それをとくに意識して努めているのが、修行ということになりましょう。今日、この夏期講座で修行の一端を皆さんに体験していただきました。今後の人生に、少しでもお役に立てば、ありがたいことと思います。

山川宗玄（やまかわ　そうげん）
昭和24年、東京生まれ。昭和49年、埼玉大学理工学部卒業。野火止平林寺の白水敬山老大師について得度。同年、正眼寺専門道場に入門。平成６年、正眼寺住職、正眼寺専門道場師家、正眼短期大学学長。平成15年、清大寺兼務住職。令和６年、妙心寺第36代管長（いずれも現任）。著書に、『生きる』『無心の一歩をあゆむ』『「無門関」の教え』『開山さまの物語』など。

無門関提唱
二〇一五年一月三十一日　第一刷発行
二〇二四年九月　十五　日　第四刷発行
著　者　山川宗玄
発行者　小林公二
発行所　株式会社　春秋社
東京都千代田区外神田二―一八―六（〒一〇一-〇〇二一）
電話（〇三）三二五五-九六一一　振替〇〇一八〇-六-二四八六一
https://www.shunjusha.co.jp/
印刷所　信毎書籍印刷株式会社
製本所　ナショナル製本協同組合
装　丁　本田　進
定価はカバー等に表示してあります。
ISBN978-4-393-14283-7